宋韵文化生活系列丛书

应雪林 主编

清雅瓷魂

QINGYA CIHUN

陈荣高 著

杭州出版社

图书在版编目（CIP）数据

清雅瓷魂 / 陈荣高著. —— 杭州：杭州出版社，
2023.4
（宋韵文化生活系列丛书）
ISBN 978-7-5565-2020-6

Ⅰ．①清… Ⅱ．①陈… Ⅲ．①古代陶瓷－中国－宋代
Ⅳ．① K876.3

中国国家版本馆 CIP 数据核字（2023）第 005431 号

项目统筹　杨清华

QINGYA CIHUN

清雅瓷魂

陈荣高　著

责任编辑　邹乐陶
责任校对　陈铭杰
美术编辑　章雨洁
责任印务　姚　霖
装帧设计　蔡海东　倪　欣
出版发行　杭州出版社（杭州市西湖文化广场 32 号 6 楼）
　　　　　电话：0571-87997719　邮编：310014
　　　　　网址：www.hzcbs.com
印　　刷　浙江海虹彩色印务有限公司
经　　销　新华书店
开　　本　710 mm×1000 mm　1/16
印　　张　15
字　　数　187 千
版 印 次　2023 年 4 月第 1 版　2023 年 4 月第 1 次印刷
书　　号　ISBN 978-7-5565-2020-6
定　　价　128.00 元

浙江省文化研究工程指导委员会

浙江文化研究工程成果文库总序

[签名]

 有人将文化比作一条来自老祖宗而又流向未来的河，这是说文化的传统，通过纵向传承和横向传递，生生不息地影响和引领着人们的生存与发展；有人说文化是人类的思想、智慧、信仰、情感和生活的载体、方式和方法，这是将文化作为人们代代相传的生活方式的整体。我们说，文化为群体生活提供规范、方式与环境，文化通过传承为社会进步发挥基础作用，文化会促进或制约经济乃至整个社会的发展。文化的力量，已经深深熔铸在民族的生命力、创造力和凝聚力之中。

 在人类文化演化的进程中，各种文化都在其内部生成众多的元素、层次与类型，由此决定了文化的多样性与复杂性。

 中国文化的博大精深，来源于其内部生成的多姿多彩；中国文化的历久弥新，取决于其变迁过程中各种元素、层次、类型在内容和结构上通过碰撞、解构、融合而产生的革故鼎新的强大动力。

 中国土地广袤、疆域辽阔，不同区域间因自然环境、经济环境、社会环境等诸多方面的差异，建构了不同的区域文化。区域文化如同百川归海，共同汇聚成中国文化的大传统，这种大传统如同春风化雨，渗透于各种区域文化之中。在这个过程中，区域文化如同清溪山泉潺潺不息，在中国文化的共同价值取向下，以自己的独特个性支撑着、引领着本地经济社会的发展。

　　从区域文化入手，对一地文化的历史与现状展开全面、系统、扎实、有序的研究，一方面可以藉此梳理和弘扬当地的历史传统和文化资源，繁荣和丰富当代的先进文化建设活动，规划和指导未来的文化发展蓝图，增强文化软实力，为全面建设小康社会、加快推进社会主义现代化提供思想保证、精神动力、智力支持和舆论力量；另一方面，这也是深入了解中国文化、研究中国文化、发展中国文化、创新中国文化的重要途径之一。如今，区域文化研究日益受到各地重视，成为我国文化研究走向深入的一个重要标志。我们今天实施浙江文化研究工程，其目的和意义也在于此。

　　千百年来，浙江人民积淀和传承了一个底蕴深厚的文化传统。这种文化传统的独特性，正在于它令人惊叹的富于创造力的智慧和力量。

　　浙江文化中富于创造力的基因，早早地出现在其历史的源头。在浙江新石器时代最为著名的跨湖桥、河姆渡、马家浜和良渚的考古文化中，浙江先民们都以不同凡响的作为，在中华民族的文明之源留下了创造和进步的印记。

　　浙江人民在与时俱进的历史轨迹上一路走来，秉承富于创造力的文化传统，这深深地融汇在一代代浙江人民的血液中，体现在浙江人民的行为上，也在浙江历史上众多杰出人物身上得到充分展示。从大禹的因势利导、敬业治水，到勾践的卧薪尝胆、励精图治；从钱氏的保境安民、纳土归宋，到胡则的为官一任、造福一方；从岳飞、于谦的精忠报国、清白一生，到方孝孺、张苍水的刚正不阿、以身殉国；从沈括的博学多识、精研深究，到竺可桢的科学救国、求是一生；无论是陈亮、叶适的经世致用，还是黄宗羲的工商皆本；无论是王充、王阳明的批判、自觉，还是龚自珍、蔡元培的开明、开放，等等，都展示了浙江深厚的文化底蕴，凝聚了浙江人民求真务实的创造精神。

　　代代相传的文化创造的作为和精神，从观念、态度、行为方式和价值取向上，孕育、形成和发展了渊源有自的浙江地域文化传统和与时俱进的浙江文化精神，她滋育着浙江的生命力、催生着浙江的凝聚力、激发着浙江的创造力、培植着浙江的竞争力，激励着浙江人民永不自满、永不停息，在各个不同的历史时期不断地超越自我、创业奋进。

悠久深厚、意韵丰富的浙江文化传统，是历史赐予我们的宝贵财富，也是我们开拓未来的丰富资源和不竭动力。党的十六大以来推进浙江新发展的实践，使我们越来越深刻地认识到，与国家实施改革开放大政方针相伴随的浙江经济社会持续快速健康发展的深层原因，就在于浙江深厚的文化底蕴和文化传统与当今时代精神的有机结合，就在于发展先进生产力与发展先进文化的有机结合。今后一个时期浙江能否在全面建设小康社会、加快社会主义现代化建设进程中继续走在前列，很大程度上取决于我们对文化力量的深刻认识、对发展先进文化的高度自觉和对加快建设文化大省的工作力度。我们应该看到，文化的力量最终可以转化为物质的力量，文化的软实力最终可以转化为经济的硬实力。文化要素是综合竞争力的核心要素，文化资源是经济社会发展的重要资源，文化素质是领导者和劳动者的首要素质。因此，研究浙江文化的历史与现状，增强文化软实力，为浙江的现代化建设服务，是浙江人民的共同事业，也是浙江各级党委、政府的重要使命和责任。

2005 年 7 月召开的中共浙江省委十一届八次全会，作出《关于加快建设文化大省的决定》，提出要从增强先进文化凝聚力、解放和发展生产力、增强社会公共服务能力入手，大力实施文明素质工程、文化精品工程、文化研究工程、文化保护工程、文化产业促进工程、文化阵地工程、文化传播工程、文化人才工程等"八项工程"，实施科教兴国和人才强国战略，加快建设教育、科技、卫生、体育等"四个强省"。作为文化建设"八项工程"之一的文化研究工程，其任务就是系统研究浙江文化的历史成就和当代发展，深入挖掘浙江文化底蕴、研究浙江现象、总结浙江经验、指导浙江未来的发展。

浙江文化研究工程将重点研究"今、古、人、文"四个方面，即围绕浙江当代发展问题研究、浙江历史文化专题研究、浙江名人研究、浙江历史文献整理四大板块，开展系统研究，出版系列丛书。在研究内容上，深入挖掘浙江文化底蕴，系统梳理和分析浙江历史文化的内部结构、变化规律和地域特色，坚持和发展浙江精神；研究浙江文化与其他地域文化的异同，厘清浙江文化在中国文化中的地位和相互影响的关系；围绕浙江生动的当代实践，深入解读浙江现象，总结浙江经验，指导浙江发展。在研究力量上，通过课题组织、出版资助、重点研究基地建设、加强省内外大院名校合作、整合各地各部门力量等途径，形成上下联动、学界互动的整体合力。在成果运用上，注重研究成果的学术价值和应用价值，充分发挥其认识世界、传承文明、创新理论、咨政育人、服务社会的重要作用。

我们希望通过实施浙江文化研究工程，努力用浙江历史教育浙江人民、用浙江文化熏陶浙江人民、用浙江精神鼓舞浙江人民、用浙江经验引领浙江人民，进一步激发浙江人民的无穷智慧和伟大创造能力，推动浙江实现又快又好发展。

今天，我们踏着来自历史的河流，受着一方百姓的期许，理应负起使命，至诚奉献，让我们的文化绵延不绝，让我们的创造生生不息。

2006 年 5 月 30 日于杭州

让我们回望千年，一同走进宋人的世界

目 录
Contents

绪 言

　　中国陶瓷泰斗陈万里曾经八次考察龙泉窑，他认为："一部中国陶瓷史，半部在浙江；一部浙江陶瓷史，半部在龙泉。"龙泉窑是举世闻名的历史名窑，其中"哥窑"位列宋代"官、哥、汝、定、钧"五大名窑之一，龙泉窑亦成为朝廷烧制"官瓷"的古窑址。龙泉青瓷气脉逾千年而未断，其烧制年代之长、窑场分布之广、产品质量之高、生产规模及外销范围之大，在中国乃至世界历史上是绝无仅有的。龙泉青瓷是龙泉的骄傲，浙江的骄傲，也是中国乃至世界的骄傲。

　　在 1700 余年的传承过程中，龙泉青瓷形成了独特的传统烧制技艺，产出精美的造型、釉色、纹饰。宋元龙泉窑著名老专家朱伯谦认为：南宋后期，龙泉窑广大青瓷匠师们，在原有制瓷技术基础上对青瓷的造型设计、胎釉配方、上釉技术和成型装饰等方面都作了重大的革新和创造，制造出大量釉层丰厚、滋润如玉的高档精美产品，供皇室贵族使用。现任复旦大学科技考古研究院教授、龙泉青瓷研究会会长沈岳明先生深情地说：龙泉窑是中国瓷业史上最重要的窑场之一，粉青、梅子青釉瓷器是龙泉窑最具代表性的特色品种。这类产品釉质肥厚，釉层乳浊失透，具有如玉般的莹润质地……

南宋时龙泉青瓷走向巅峰，享誉世界、声名显赫；明清时走向衰落，凭瓷生辉已风光不再。新中国成立之后，在周恩来总理的直接关心下，龙泉青瓷重新恢复生产，并焕发出勃勃生机，各大瓷厂相继建成，为国家增光添彩。但是，随着市场经济的深入发展，当时的国有瓷厂纷纷倒闭，个私民营作坊步履维艰，出路何在，怎样振兴？1998年12月，中共龙泉市委审时度势，提出了"二次创业"的发展战略，强化政府协调，优化发展环境，发挥匠人献艺，注重政策导向，采取走出去、请进来的得力举措，赴外展示精品，引内拜学技艺，走南宋路、闯上海滩、奔紫禁城，开辟园区，创立小镇，申世界非遗，成天下龙泉。龙泉的广大干部一任接着一任干，龙泉的青瓷艺人一批接着一批做，同心协力、克难攻坚，把龙泉青瓷推向了一个新的高峰。

忆往昔峥嵘岁月稠，从南宋开始，龙泉青瓷以主角的身份，开拓了漫长的世界"海上陶瓷之路"，使龙泉入选"国家级出口基地"，成为"海上陶瓷之路"重要起点。满载龙泉青瓷的商船从我国东南沿海出发，循着海路在印度洋边缘海的波斯湾、阿拉伯海、红海和东非沿海的航道上越走越远。在这条繁荣了数百年的"海上陶瓷之路"上，到处是它书写的传奇。被誉为"雪拉同"的龙泉青瓷引来了全世界疯狂的粉丝，各地的王公贵族、富商巨贾顶礼膜拜。在阿拉伯国家，龙泉青瓷被称为"海洋绿"，当他人甚至相信这种来自远方的器物带有某些神奇的功效。在18世纪，欧洲萨克森国王就有用强壮的士兵换取普鲁士龙泉青瓷的记录。这样的故事多到难以胜数，如今去西亚、欧洲的任何一个稍有规模的博物馆，你总能看到龙泉青瓷那一抹柔润的光芒。

看今朝旖旎风光秀，中国瓷器声名显赫。龙泉窑厥功至伟，可以说占据了我国外贸瓷器的一半江山。从1959年恢复龙泉窑，仅仅约60

年的短暂时光，超越了约600年前的漫长历史，龙泉人应该感到无比的自豪。徐朝兴、夏侯文、毛正聪等青瓷泰斗享誉中外，成为国宝，相继一大批国家、省、市级大师像雨后春笋般涌现，毛丹阳、梅红玲、张英英等女大师亦满园春色关不住，结束了匠人传男不传女的历史。当今龙泉青瓷作坊业已近千家，从业人员上万人，年产值达百亿元，有国家级大师（艺术师）13人，省级大师（艺术师）47人，地市级大师上百人。这是龙泉青瓷精英所显，希望所在，天下龙泉所能。

　　我与龙泉有缘，也许与龙泉青瓷有缘。1998年10月13日，这一天是我去龙泉上任的第一天，参加的第一个会议是在龙泉隆重举行的《中国陶瓷——龙泉窑瓷器》特种邮票首发仪式，仿佛就是龙泉人民给我上的第一课：龙泉青瓷。这一课给我留下深刻的影响，走过了25年，记忆犹新，历历在目。龙泉青瓷是一部几经兴衰的历史，兴盛衰落，跌宕起伏，历数百年登峰造极，数百年几近凋零，从新中国成立后的恢复直到今天的繁荣，它记载着一代代龙泉人深沉而厚重的青瓷情结和不屈不挠的奋斗精神，尤其是青瓷界的一位位匠心艺人，正传承和弘扬着那种吃苦耐劳和极致创新的奋斗精神。这种精神很值得后人在学习中传承，传承中发展。

　　《清雅瓷魂》体现时代性、翔实性、创意性、人文性和通俗性等特点，全书正文共19个部分。"不灭窑火"为开篇，记述了披云山下的宝溪乡溪头村，三座百年龙窑在停烧了20余年后重燃窑火，再现昔日烈焰熊熊的景象。"名窑林立"，突出宋代"官、哥、汝、定、钧"五大名窑为陶瓷美学开辟了一个新的境界。"越窑师祖"，阐述越窑的发展史，南宋后被龙泉窑所替代，成为龙泉青瓷的祖师爷。"龙窑瓷都"，介绍龙泉窑的发展轨迹和艺术精华，以及大窑、金村、溪口古窑址的分布、发掘、保护和利用价值。"哥弟瓷缘"，以哥弟窑千年相传的故事和哥窑文献记载，聊以探讨考古之谜。"官窑悬案"，剖析南宋（杭州）老虎洞官窑与南宋龙泉窑官窑两大谜团。"赏型品釉"，描述青瓷器形之丰富，釉色之精美。"纹饰韵雅"，描述青瓷纹饰多样和特色进化的发展演变。"陶瓷之路"，介绍从汉代著名的"海丝之路"走向宋代的"陶瓷之路"，而成为"青瓷之路"的龙泉始发地。"恢复问路"，从"雪拉同"故事引起周总理指示要恢复龙泉青瓷。"创业崛起"，讲述龙泉青瓷走南宋路、闯上海滩、奔紫禁城，从衰退底谷中崛起的艰难创业之路。"陶瓷盛会"，为推进青瓷文化大繁荣带来良好的契机。"古镇瓷苑"，展示龙渊、上垟和小梅三大古镇青瓷文化苑的蓬勃兴起。"青瓷邮票"，介绍了以提高龙泉青瓷知名度而发行的特种邮票和盛大邮票发行仪式。"工艺创新"，描述原料、成型、烧瓷和装饰工艺革新的过程以及独特的制瓷技艺逐渐形成的过程。"世界申遗"，讲述龙泉青瓷烧制技艺申遗路上的艰辛和不易。"宋瓷回归"，记录了邀请故宫博物院和南海1号龙泉青瓷回娘家探亲的经过。"名师荟萃"，记述龙泉青瓷大师的艺术生涯和事迹荣誉。"天下龙泉"，以"匠来八方、心行天下"的开放胸襟和气度，与时代同行、与世界对话，重现"青瓷之路"再辉煌。

清雅瓷魂

QINGYA CIHUN

不灭窑火

2010年，披云山下的宝溪乡溪头村，三座百年龙窑在停烧了20余年后重燃窑火，再现昔日烈焰熊熊的景象，让人目睹龙窑壮丽的风采。

龙窑，采用龙泉青瓷传统烧制方法的窑场，从三国两晋一直烧到清末，窑火延续了1700余年，烧出的龙泉青瓷明如镜、声如磬、釉如玉。

到了清末民国时期，盛极千年的龙泉青瓷几近断脉。但龙泉青瓷精湛的烧窑技术，一直在宝溪民间代代相传。正是这些土生土长的青瓷艺人，传承着龙泉青瓷的火种。

宝溪，有全世界最大的古龙窑群。随着岁月的流逝、时代的变迁、煤气窑的替代，龙窑逐渐淡出了人们的视线。幸运的是，13座古龙窑仍然基本保存完好。这些古龙窑大多建于民国时期，也有几座建于清代，与水碓、漂洗池、沉淀池等一起构成龙泉青瓷传统技艺体验作坊。

2009年，龙泉青瓷传统烧制技艺入选人类非物质文化遗产代表作名录，成为全球陶瓷界首张"非遗"名片。这份至高无上的荣誉又让宝溪青瓷艺人多了一份责任，那就是对传统烧制技艺的保护、延续和创新。

龙窑，流传着美丽的传说。古代有一位善良、美丽的姑娘名叫叶青姬，她的父亲叶老大带领窑工们正为窑主烧制一批宫廷祭用瓷。但是，不知道什么原因，烧了一窑又一窑，净是些歪头劈脑的废品。

窑主发怒，宫廷派来的监工更是恼羞成怒，扬言这最后一窑再不成功，就要把叶老大一家和所有窑工全部问斩。叶老大为此四处奔波，讨教烧瓷秘诀，仍无良方可用。正在他焦虑地往回赶的路上，遇见一位老者相告：若要祭用瓷烧成功，须以熊头猴身祭窑。

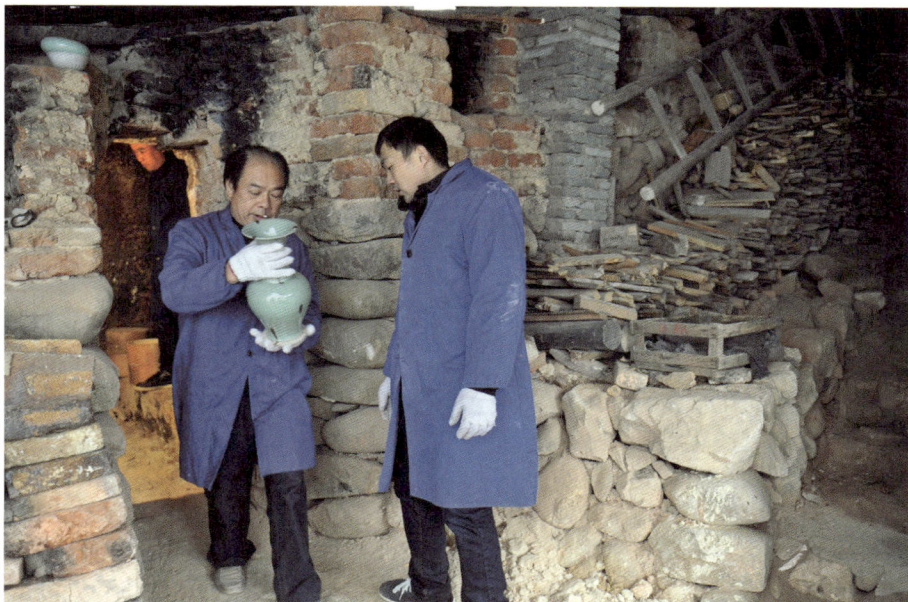

青瓷出窑（朱志敏 摄）

叶老大与窑工们背挂弓箭，手握宝剑，没日没夜漫山遍野地寻找，也难以找到熊头猴身的踪影。眼看工期已到，窑主即刻点燃龙窑。

善良、刚毅的青姬姑娘，为了拯救父亲、家人和相濡以沫的窑工们，纵身跳进熊熊燃烧的龙窑，以身祭窑。

叶老大及其家人悲痛欲绝，呼天号地也无法唤回女儿之身。说来也奇，出窑那一天，窑工们端出的青瓷，只只是温润如玉、清脆韵致、明滑透亮。大家由悲转喜、眉开眼笑，认为如此精品正是青姬姑娘的化身。为了纪念青姬姑娘，窑工们称她为"九天玄女"，世世代代供奉在自己的窑场里；同时将贡品瓷器以龙泉方言称作"青瓷"，谐音"青姬"。从此，龙泉青瓷美名流传。

每个窑主在点燃龙窑前，都要举行点火仪式。祭祀人员先要沐浴更衣，摆好贡品，奏乐献礼，鸣炮点烛，上香敬酒，祭拜"九天玄女"。有的窑主还请锣鼓戏班，举行舞龙表演，高歌猛进，现场鼓声雷动，十分热闹。

张绍斌就是宝溪青瓷艺人的杰出代表之一。张家的变迁可以反映出青瓷的发展传承需要依靠几代人的辛勤努力。张绍斌的曾祖父张金星在1918年创办了"张义昌"瓷厂，自建一座龙窑，以烧瓷碗为主。

20世纪20—30年代，张绍斌的爷爷张高礼与二爷爷张高岳历时三年之久，经过上百次的试验，烧制出一批质量上乘的青瓷，被认为接近宋元时期的艺术瓷品水平。出窑一瞬间，这些青瓷就被中外客商抢购一空。

抗日战争爆发后，许多窑厂停烧，高礼与高岳兄弟俩依然坚持烧制。但在那战火连天的年代，青瓷艺术品根本无人问津。于是，他们将自己多年烧制的300余件精品青瓷收藏起来，可惜在"文革"时期，被红卫兵以"扫四旧"的名义全部没收，不知去向。

张高礼临终前，将研究了一生的青瓷秘方传给了儿子张照辉，希望他继续从事青瓷研

九天玄女像（一心 摄）

究。新中国成立后，张照辉继承了父亲的遗志，在龙泉瓷厂当了一名制瓷工人。张绍斌也开始学做仿古瓷，与父亲共同研究出了"金丝铁线"米黄釉青瓷作品，并且形成了自己独特的风格，做出了众多青瓷精品，后成为一名中国陶瓷艺术大师。

张绍斌的儿女也继承祖业，从事青瓷制作。女儿张英英现已成为龙泉青瓷界的一名新秀；儿子刚毕业于江西景德镇陶瓷学院，有望成为知名制瓷艺人。父传子、子传孙，六代艺人代代相传，这在龙泉青瓷界一时传为佳话。

宝溪是一个非常神奇的地方，总在青瓷衰落时延续着血脉，它不仅在清末民国时期填补了龙泉青瓷历史上的空白，还在龙泉瓷厂恢复和当代青瓷发展的两个时期发挥了重要作用。与张高礼一样，李怀德、龚庆芳、陈佐汉、张高岳的后人也将青瓷技艺一代代传承。

步入金品古窑里，满屋的翠色便映入眼帘，那一间间、一排排、一层层摆满的青瓷作品，犹如一个小商场，又像一个博物馆，让人眼花缭乱。各种酒具、茶具、文具，各类花瓶、花盘、花盆，四大菩萨、十八罗汉、三清天尊、四大天王、八仙过海，孔子孟子、历史名人，大大小小，形形色色，应有尽有。仿古类器形，多以仿制春秋战国或秦汉时期的青铜器为主，气象万千，端庄肃穆。粉青、梅子青的日用瓷器，造型千变万化，色泽莹润，青翠纯正，釉色之美发挥到了极致。开片瓷器纹路如冰裂，透着莹润的光泽，开片是龙泉"哥窑"瓷器的著名特色，本是龙泉青瓷生产过程中釉面自然开裂的一种缺陷，并非刻意为之，却因其独特的美感而成为专供宫廷的五大名瓷之一，受到历代官宦的推崇和喜爱。

金品老先生从14岁开始就从事青瓷制作和龙窑烧制，吃了一辈子的瓷土饭。"窑火相传，生生不息"是他最大的愿望。儿子金朝军在外"淘金"有20余年，被金老先生硬生生地拉了回来，让他半路出家学习制瓷。

金品古窑里（一心 摄）

之后金朝军就守着这座近200年历史的祖传古龙窑，做一名骄傲的掌柜。

金朝军介绍说，烧一次龙窑，大约需要不眠不休连续烧上24小时，要烧掉柴火1万多公斤，但成品率一般只有30%左右，无法与液化气窑可比。可是固执的老父亲始终舍不下古龙窑，穷尽一生默默传承着千百年来的薪火。

而今，金朝军继承了老父亲的事业，不仅制瓷烧窑，开设青瓷展室，还开办了古窑里民宿，产供销、吃住行一条龙服务，生意做得红红火火。

"不灭窑火"，让越来越多的游客慕名而来，了解龙泉青瓷传统烧制技艺，欣赏和体验龙泉青瓷这一文化瑰宝。

"不灭窑火"，从三国两晋烧至当今，历经1700多年的千锤百炼，炼出了一个繁荣昌盛的龙泉，一个文化灿烂的龙泉，一个人丁兴旺的龙泉。龙泉人自傲地说"处州十县好龙泉"，龙泉富商多、文人多、寺庙多，还有俊男美女多。

龙泉富商多。青瓷贸易给龙泉创造了巨额的财富，涌现了不少的富商财爷，无论古代还是当今，靠青瓷发家的不计其数。古龙泉的金村、大窑、小梅、大梅、黄南一带人口稠密，商贸繁华，大梅等地一直流传着十里长街的传说：从官桥码头到大窑一路都是华丽的宋式建筑，街道足有十多里，家家户户门前挂着灯笼，异常壮观。话说当时大窑出了一个娘娘，乘船回娘家，舟行至官桥码头已是夜晚，娘娘与随行人员正是沿着灯笼光影走到大窑的。随行人员见到如此繁华的乡村，纷纷赞叹不已。有文史研究者考察，在宋明期间，这一带确实异常繁华，从南宋到元明之际，从官桥码头一路到杨家碓、杨家湾、金钟垄、牛肚湾、燕窝地、大梅古村、金墙内外、屋后山、木竹湾、下坞、梅岭头、高际头、新亭、叶坞底再到大窑都发现了这一时期的古村落遗址，而且几乎每一处古村落遗址都有大量元明时期青瓷器堆积，特别是大梅古村瓷片堆积甚多。这些古村落几乎首尾相连，从官桥一直绵延到大窑。特别是大梅周边，不仅古村落密集，豪门大家也集中，自宋以来一直在这里设有邮铺和驿站，说明是当时信息和物流的枢纽，大梅很可能就是当时青瓷贸易主要的集散地。在小梅古村、小梅后山绵延数里都可以发现宋至明中期大量的古村落遗迹，骆庄、黄南至鲍家庄一带同样如此。从现有野外调查的古村落遗址数量和规模看，在南宋至明代中期，这一带的人口数量可能超过现在的数量。传说黄南村当时就是一个约3000人口的大村，而现在黄南村也只有1000余人。龙泉的古民居也特别多，当今龙泉已经兴起一个修复古民居、传承古文化的热潮，到处都有一个个充满古风古韵和地方特色的旅游景点。

青瓷陈列室（一心 摄）

　　龙泉文人多。仅两宋天圣至咸淳期间，龙泉就有进士248人，可谓是科甲蝉联，代有才人出。这一时期，龙泉小梅人文鼎盛，仅仅黄南鲍氏就有进士63人，特奏名进士30人，乡贡进士13人。进士人数冠绝处州，入仕者多达200多人。宋代也是龙泉文化最为兴盛的时代，涌现出很多注重实学、讲求实际的史学家、科学家。如对杜诗有深入研究并为其注释的鲍由和鲍彪，鲍由还是当时的藏书大家，而鲍彪则是重新编排了《战国策》，并作了注释使之更加完善。宰相何执中倡建架阁库，以便集中管理档案。南宋鲍澣之刊刻算经，主持制定了《开禧历》，是南宋期间较有影响的数学家、天文学家。叶大庆的《考古质疑》至今还是考古专业的重要书籍。元末明初章溢与刘伯温等谋计献策，辅助朱元璋开国建基。明初叶子奇的《草木子》等都散发着讲求实际、追求科学的实证作风，这与以陈亮为代表的永康学派和以叶适为代表的永嘉学派"经世致用、义利并举"的思想十分契合。这就是当时龙泉作为青瓷贸易重要的生产基地和起始地，讲求实际，追求效率所影响而产生的。而且永嘉学派之集大成者叶适祖籍正是黄南，其世代受青瓷贸易的影响，这或许就是他的思想灵感来源之一。

龙泉寺庙多。据史料记载，龙泉大梅周边早在唐大历二年（767）就已经建成瑞相寺，后相继建成崇德寺（768）、圣安寺（863）、慧福寺（885）、觉林寺（976）、明慧寺（978）、金绳寺（982）。真正的大建设在五代末至北宋期间开始，寺庙遍布龙泉各地。据《龙泉县志》记载，唐、五代吴越国时期，龙泉佛教兴盛，寺院倍增。崇仁寺始建后梁开平元年（907），盛于北宋，与当时位于龙泉县城东南西北四隅的崇因寺、集福寺和清修讲院，称为龙泉古城四大名寺。正所谓"战乱避饥饿，盛世修庙宇"，通过青瓷贸易富裕起来的人们，有了更多的精神追求。

龙泉俊男美女多，这是龙泉的美丽传说。龙泉山清水秀环境好，四面八方人流多，可谓世外桃源、养生福地，人们来了龙泉就不想离开。龙泉令人流连忘返的美丽故事有三种说法：一说龙泉是公子小姐的避难之地，古时候烽火连年，战乱不断，百姓四处逃难，大多难民在半路上不是饿死就是冻死，妻离子散，家破人亡，那些能千里迢迢逃进山高路远的龙泉的，不少是富贵人家的公子小哥千金小姐；二说龙泉是南宋宫女的流放之地，南宋临安宫女成群，皇宫规矩极严，重者处以极刑，轻者则被流放，流放在江浙地带的龙泉就难以再回宫廷了，因此宫女去的时候都是哭哭啼啼，然而到了龙泉见到那柳暗花明又一村的繁华景象，却又谁都不愿再离开了；三说龙泉是当时洋人的浪漫之地，龙泉作为繁荣长达300年的青瓷外贸出口基地，"瓯江两岸，瓷窑林立，烟火相望，江中运瓷船只往来如织"，当时龙泉的西街、大窑的瓷镇，灯火通明，成了不夜城，堪称龙泉的"小香港"，曾经不知多少国家和地区的商人聚集龙泉城乡，也许那个年代，龙泉就已经开始令外国人都流连忘返了。

"不灭窑火"，让古窑与新窑一起烧，烧它个红红火火，遍地出黄金；让村窑与民窑一起烧，烧它个天地人和，同奔富裕路。

清雅瓷魂 QINGYA CIHUN

名窑林立

宋代瓷业兴盛，官窑众多、民窑四起，瓷艺荟萃、各窑竞争。当时在全国出现了许多名窑，然而闻名于世的首推"官、哥、汝、定、钧"五大窑系。

唐末至五代时期瓷业的蓬勃发展，为宋代瓷业的繁荣昌盛奠定了良好的技术基础。尤其是宋代瓷器造型多样、装饰丰富、釉色艳丽。然而，宫廷偏爱造型端庄、线条秀丽、青色淡雅、高雅素净的产品。"官、哥、汝、定、钧"五大名瓷集宋代制瓷技术的最高水平，工艺精湛、胎坚质细、造型秀丽、绰约多姿，凭借各自独特的风格博得宫廷的赞赏和青睐。此外，与五大名窑并称的，还有八大窑系。北方有定窑系、磁州窑系、耀州窑系、钧窑系；南方有龙泉窑系、景德镇窑系、越窑系、建窑系。

宋代五大名窑，官、哥、汝、钧四个窑场皆产青瓷，钧窑除青瓷外还有天蓝、玫瑰紫、月白等多种不同颜色的瓷器，定窑为唯一烧制白瓷的。五大名窑中官窑风格大气，哥窑开片极美，定窑湿润恬静。

一、官窑

北宋徽宗政和至宣和年间（1111—1125），在汴京（今河南开封），官府建窑烧制瓷器，起名"官窑"。官窑所生产的瓷器就叫官瓷。当时京师在汴京，所以史称北宋官窑。宋高宗南迁临安（今浙江杭州），并在杭州凤凰山下设窑，名叫修内司窑。后来又在杭州市南郊的乌龟山建新窑，起名郊坛下官窑。两窑统称为南宋官窑。

官窑，在中国古代陶瓷史上有不同的内涵。就广义而言，是有别于民窑而专为官办的瓷窑，其产品为宫廷所垄断。在宋代瓷器中，官窑即是一种专称，指北宋和南宋时在京城汴京（今开封）和临安（今杭州）由宫廷设置烧造青瓷的窑场，因北宋和南宋都设置官窑，故又有"旧官"和"新官"之分，前者为北宋官窑，后者为南宋官窑。①

北宋官窑。位于汴京，即今河南省开封市，千百年来，开封深受黄河之灾。20世纪50年代，考古发现当时开封城在现在的地下6米处，考察北宋官窑十分困难。由于其建于宋徽宗年间，建窑仅14年，又经过靖康之难，官窑瓷器毁坏极多，官窑传世品罕见，因此，官窑遗址在清凉寺汝瓷窑址发掘后才予以定论。

清凉寺官窑遗址位于河南省宝丰县大营镇清凉寺、白石坡及韩庄村，地处伏牛山东麓，四面环山，有小河环绕西、南，制瓷原料丰富，煤炭、高岭土、玛瑙石等原料就地可取，遗址保护面积133.2万平方米。该遗址于1987年经河南省文物研究所试掘，发现了作坊、窑炉、排水沟、灰坑、水井、澄泥池等重要遗迹，出土了汝官窑的典型器物和大量瓷片。五次发掘得到的大量的遗迹及出土文物证明，该遗址是一处北宋宫廷烧制御用瓷器的汝官窑遗址。这一发现不仅为汝瓷的研究开拓了广阔的前景，而且解决了困扰考古界半个世纪的汝官窑的遗址悬案。

南宋官窑。《宋史》记载，德祐二年（1276），元军占领临安府，"封府库，收史馆、礼寺图书及百司符印、告敕，罢官府及侍卫军"，南宋官窑烧瓷的历史就此终结。南宋官窑虽持续烧造近百年，但是其专为南宋宫廷服务，因而产量有限，普通阶层无法正常获得，所以在

① 范昕：《"哥窑"谜团正被解开》，《文记报》2012年11月18日。

元朝时南宋官窑瓷器就已经被视为珍品。

南宋官窑继承了北宋官窑的技术和制作方法。历史文献把南宋官窑划分为"修内司"和"郊坛下",前者名"内窑",后者系"别立新窑",并明确说明新窑"比旧窑大不侔"。1956 年,浙江省文管会所发掘的南宋乌龟山窑址确认了郊坛官窑的存在。这次考古发掘出土龙窑窑炉一座,窑长 23 米,在堆积层中发现高、低两档产品,品种较多,其中高档产品制作规整,胎质细腻,釉层丰厚,乳浊性良好,晶莹类玉,有的坯体厚度在 1 毫米以下,当为传统所说的官窑器。出土的器物主要有盘、碟、洗、碗、炉及仿古铜器鼎、炉、觚、彝和玉器的造型器,多为青瓷。1985 年又发掘出龙窑窑炉一座,全长 40.5 米,用砖叠砌,火膛、出烟室、窑门尚可见。作坊遗址位于乌龟山及桃花山之间的盆地上,有贮釉料大缸、练泥池及制坯的轮盘基坑,是一座马蹄形素烧瓷坯的窑炉。1988 年再次发掘,出土了房子、储料坑、道路等。多次发掘证明,官窑遗迹基本完整,官窑布局和工艺流程也比较清楚。

关于南宋官窑瓷的特点,很多史书上有记载。元末明初曹昭的《格古要论》对官窑描述道:"官窑器,宋修内司烧者,土脉细润,色青带粉红,浓淡不一,有蟹爪纹,紫口铁足,色好者与汝窑相类。"明代高濂在《遵生八笺》里论述南宋官窑青瓷的特征,道:"官窑品格,大率与哥窑相同,色取粉青为上,淡白次之,油灰色,色之下也;纹取冰裂鳝血为上,梅花片墨纹次之,细碎纹,纹之下也。"宋代官窑以烧制青釉瓷器著称于世。南宋官窑瓷的釉色,主要是粉青色。依色谱的颜色分,是极浅的蓝绿色,但也有灰色、绿色、黄绿色。目前发现的主要器形以陈设用瓷为主,也有文房用具和日用器皿及装饰瓷器。器物造型雍容典雅,有皇家气度。其烧瓷原料的选用和釉色的调配相当讲究,所用瓷土含铁量极高,故胎骨泛黑紫颜色。胎体较薄,施釉较厚,故有"厚釉薄胎"之说法。南宋官窑瓷的胎土有黑褐色、灰褐色、灰色及红褐色等，但以黑褐色为主。器之口沿部位因釉垂流，在薄层釉下露出紫黑色，俗称"紫口"；由于胎体中含铁量较高，又底足露胎，大部分器物的足沿等釉层较簿的部位泛出铁红色，故称"铁足"。南宋官窑瓷器还有一个特征，就是釉面上分布着长短深浅不一、有疏有密的裂纹"开片"，亦称"文武片"。这种"片"原本是一种釉面缺陷，因为瓷胎比瓷釉的膨胀系数大，瓷器烧成冷却的时候，收缩幅度大的胎体就会把玻璃质的釉层拉碎，釉面便出现开片效果。而艺术素养高的宋代工匠们巧妙地利用了这种工艺缺陷，人为地把它变成一种釉面装饰，让自然延伸、交错的冰裂纹与温润的青釉搭配和谐，给单色的器物平添了自然的美感。①开片露胎色为赭褐，有冰裂纹和鳝血纹。在杭州乌龟山郊坛官窑窑址中发现了很多瓷片和窑具，胎质呈黑灰或灰褐色，胎质轻薄，釉层较厚，釉色有粉青、蜜腊黄等，器形有盘、碗、碟等。这显然是受到北宋徽宗提倡古风的影响。南宋官窑青瓷的装饰，主要突出釉色之美，有如玉质般、庄重、典雅，充满"神秘的美感"。南宋官窑既继承了北宋汴京窑瓷、河南汝官窑瓷等北方名窑造型古朴、釉质浑厚的特点，又吸收了南方越窑、龙泉窑等名窑薄胎厚釉、造型精巧等特点，南北技艺的高度融合，创造了我国青瓷史上的巅峰之作。

据《宋史》载，修内司"掌宫城、太庙缮修之事"，其所在地为修内司营。又据《咸淳临安志》所附《京城图》和《皇城图》记载，修内司营位于万松岭、清平山、骆驼岭之间，自南宋初至南宋末，其位置都没有发生变动，这与 2001 年发掘的老虎洞窑址位置基本一致。老虎洞南宋窑址被评为当年度全国十大考古新发现之一。值得惊奇的是，在中国古陶瓷学会 2006 年年会暨青瓷学术研讨会上，杭州市文物考古所展示的杭州老虎洞（南宋）窑址出土文物，惊动四座，吸引了国内

---

① 刘竟芳、李冬明：《试谈五大名窑的艺术风格》，《陶瓷研究》2008 年第 4 期。

外 100 多位专家学者的目光。此前,学术界一直有人质疑杭州老虎洞(南宋)窑址的"南宋修内司官窑"身份。此次历时 5 年整理出的 400 多件出土文物,包括碗、盏、盘、洗等 20 类 53 型器物,让人看到了真实的南宋官窑瓷器。其中一件在制作陶器过程中所使用的"荡箍"尤令专家感到兴奋,上面清晰地铭刻着"修内司官窑置庚子年"的字样。根据纪年,南宋时期有两个庚子年,分别是孝宗淳熙七年(1180)和理宗嘉熙四年(1240)。由此可以断定,杭州老虎洞(南宋)窑址就是以前的南宋修内司官窑。中国古陶瓷学会会长、著名古陶瓷专家耿宝昌连连称"荡箍"为"国宝"。他说:修内司官窑的问题终于解决了,学术界持续了数十年的争论也可以平息了。

二、哥窑

哥窑瓷的釉面满布碎片纹,是由于胎体原料受热时膨胀系数大于釉层的膨胀系数,在瓷器烧成后冷却时,胎体将表面玻璃釉层拉碎,即为"百圾碎"。由于胎釉密合极佳,釉层不剥落,也不划手,除了出现奇特自然的片纹外,没有任何有碍使用之感。

哥窑瓷器产于何地?学术界一度存在争议,相传龙泉窑的工匠人为控制胎釉成分做出这种奇特片纹的瓷器,为宋代瓷器艺术的百花园增添了光彩。宋代没有任何历史文献记载哥窑或哥釉瓷,元孔齐《静斋至正直记》开始出现"哥哥洞窑""哥哥窑",对哥窑特点的描写并不具体,且从工艺水平上来说,它也不是名窑产品。到明洪武时曹昭在《格古要论》中描写哥窑器为"色青带粉红,浓淡不一,有蟹爪纹,铁足紫口",明代的《宣德鼎彝谱》中有"内库所藏:柴、汝、官、哥、

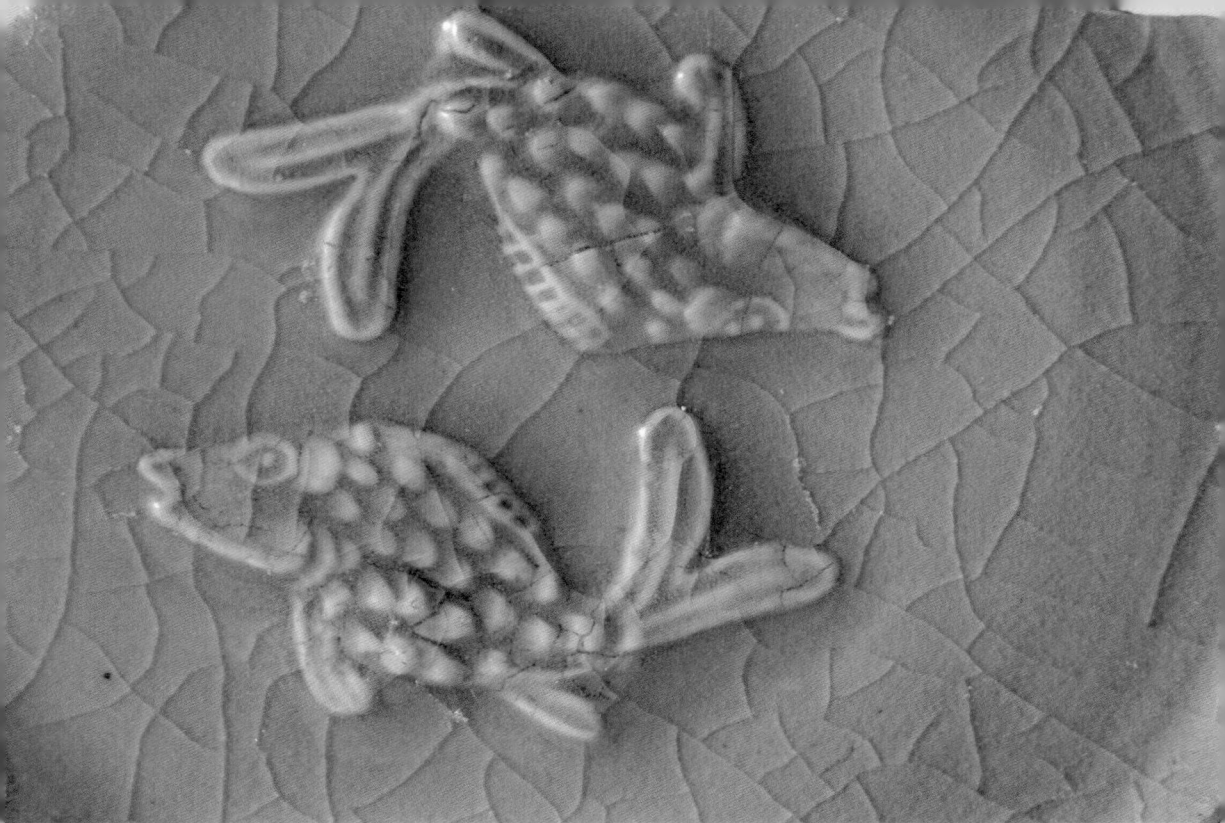

南宋龙泉窑哥窑瓷器

钧、定”的记载，正式将哥窑名列于宋代名窑之中。嘉靖四十年（1561）的《浙江通志》有更具体的描述，指出其产地在龙泉琉华山下的琉田，即龙泉的中心窑场大窑。嘉靖四十五（1566）年的《浙江通志》中第一次出现了章生一、章生二兄弟各主一窑场的事，哥窑生产开片瓷，弟窑生产不开片的龙泉青瓷。哥窑弟窑故事的完备，从《静斋至正直记》到《浙江通志》成书，经历一个世纪，这个故事与历史事实是否相符不作定论。自1956年以来，考古工作者多次对龙泉窑系进行大规模的调查发掘，没有发现单独生产哥釉瓷的窑址。但从发现的窑场看，烧制黑胎青瓷的窑口集中在工艺技术最高的龙泉大窑金村和溪口瓦窑垟两地，这批黑胎青釉瓷，与文献记载的哥窑特征相符，所以，这批黑胎青釉瓷可能就是哥窑瓷器，且其他各地窑址均未发现如此釉瓷，说明哥窑的窑址在龙泉是没有争议了。

据《中国陶瓷史》，记载"哥窑"的古文献主要有元代的《静斋至正直记》，明代的《格古要论》《遵生八笺》《浙江通志》，清代的《博物要览》等。但究竟哥窑窑址何在？性质如何？一直是陶瓷史研究中众说纷纭、悬而未决的问题。关于哥窑窑址有多种观点：一种认为是在浙江杭州，一种认为是在江西吉州，更多的认为是在浙江龙泉，特别是在龙泉窑遗址中发现哥窑瓷品，足以说明哥窑就在龙泉。哥窑瓷器烧造时间也有不同观点：一说南宋，二说宋末元初，三说南宋建立以后替代官窑器。

关于南宋龙泉哥窑是否替代官窑，青瓷学者们也一直在争论。其理由是南宋文献找不到依据，转载的大都是明代的记述。事实上结论早已写在明陆容《菽园杂记》卷十四"青瓷"所引南宋何澹的《龙泉县志》[①]之中，该段文字最后 16 个字已明白地写着："然上等价高，皆转货他处，县官未尝见也。"这些连县官也无法见到的，当然是供朝廷专用的官窑了。

哥窑器替代官窑器是有一定的理论依据的，考古工作者通过对郊坛官窑与"龙泉哥窑"遗址的发掘证明：黑胎青瓷与南宋中晚期郊坛下官窑的薄胎厚釉制品十分相似，尤其是那种胎质较松、体量较轻、釉呈粉青的瓷器，真的一模一样，难以区别。通过对郊坛下官窑遗址出土的标本与龙泉大窑遗址出土的黑胎青瓷进行化学测试，结果证实两者确实有相似之处。[②]

哥窑在陶瓷史上有举足轻重的地位，因此制瓷人都想把自己的作

---

① 也有说是南宋陈百朋《龙泉志》，或明初《龙泉县志》。
② 李炳辉，《"哥窑"的正名及其有关问题》，《故宫博物院院刊》1994 年第 1 期。

品冠以哥窑之名，如哥窑、哥哥窑、龙泉哥窑、传世哥窑、仿哥窑等等。甚至把故宫存有的传世哥窑作为哥窑的标准器物，因而造成了中国陶瓷史上最大的悬疑。现有关传世哥窑的悬案已经解开，2001年6月9日叶辉先生在《光明日报》中已有报道①，本书不再阐述。

"伊谁换夕薰，香讶至今闻。制自崇鱼耳，色犹缬鳝纹。本来无火气，却似有云氲。辨见八还毕，鼻根何处分。"清高宗乾隆帝的《咏哥窑罏》，收录于《御制诗集》。在他的《御制诗集》里，咏哥窑的诗多达21首，部分诗作就刻在瓷器上面，可谓实打实的"铁证"，这就是哥窑了。

哥窑在五大名窑中非常特殊，且不说它是唯一未发现窑址的名窑，而且明明被称为宋代名窑，但起源年代还说不准是何时，就连瓷器特征和文献记载都对不上。就是这么一个满身是谜的窑，依然成功上位为五大名窑，可见哥窑瓷器制作水平之高，也让哥窑成为话题和争议的代名词。

三、汝窑

汝窑被称为宋代五大名窑之首，传世文物极少（据初步统计，世界上不足百件），窑址曾长期未能发现，但文献中关于它的记载却一直未断。早在宋代陆游的《老学庵笔记》中就曾说道："故都时定器不入禁中，惟用汝器，以定器有芒也。"元陶宗仪《南村辍耕录》引宋代叶寘《坦斋笔衡》也说："本朝以定州白磁器有芒，不堪用，遂

---

① 叶辉：《杭州老虎洞窑址考古获重大发现》，《光明日报》2001年6月9日。

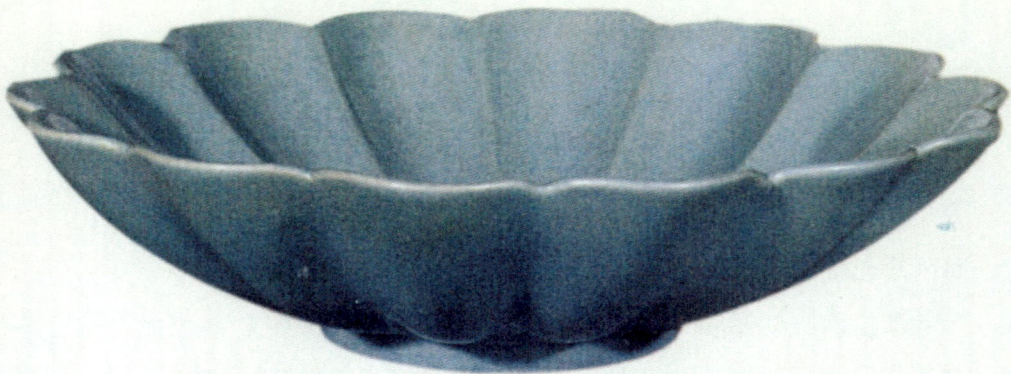

宋汝窑瓷器

命汝州造青窑器，故河北唐、邓、耀州悉有之，汝窑为魁。"明谷应泰《博物要览》内也形容汝窑说："其色卵白，汁水莹厚，如堆脂然，汁中棕眼隐若蟹爪，底有脂麻花细小挣钉。"脂麻，即芝麻。

汝窑为北宋宫廷烧制瓷器历年不久，当今所见主要是盘、碗、奁、洗、瓶、盏托之类。典型的汝窑器物釉似天青，莹光含蓄，宛如美玉，有开片（通称蟹爪纹）与无纹之分，因此有"有蟹爪纹者真，无纹者尤好"之说。汝窑无大件器皿，器皿的高度没有超过30厘米的，一般在20厘米左右，这可以说是汝窑的一个特点。

就故宫博物院及国内各地博物馆所藏汝窑瓷器而论，其釉色不同于其他同时期的青瓷，而有它独有的风格，呈现一种淡淡的天青色，有的稍深一些，有的稍淡一些，但离不开淡天青这个基本色调。[1]这种青的色调比较稳定，变化较少；釉面无光泽的较多，有光泽的只占少数。汝窑虽不同于专门制作御用瓷器的官窑，但接受官督，所烧瓷器，宫廷拣退的次货方许出卖。因此民间流传甚少，所以"近尤难得"。

---

[1] 年宝蕾：《"黄龙泉"辨析》，《上海文博论丛》2012年第1期。

传说汝窑供御的瓷器以玛瑙作釉的原料，实际上玛瑙的主要成分为二氧化硅，与一般石英砂作釉料并无区别。玛瑙往往含有铁等着色元素，以玛瑙作釉料可能对汝瓷的特殊色泽有一定作用。宫廷用器不计成本，以奢侈豪华为尚，而且汝州确也产玛瑙石，所以这种说法有一定依据。

汝窑传世品的数量稀少，历来受人喜爱，宋徽宗赵佶曾经写过一首有名的雨后诗，其中一句为："雨过天青云破处，这般颜色做将来。"这片宋徽宗梦中见到的天青色，让汝窑从此名满天下。"雨过天青"的颜色，不知道难倒了多少工匠。对于此，有各种神奇的传说。最著名的传说就是为了烧制釉色独特的汝窑，工匠们不惜工本，选玛瑙石入釉，才使汝瓷呈现出汁如堆脂、面若美玉、莹润纯净、素雅高贵的皇家之气。北宋的青瓷以其单色釉的纯洁、素静，造型高雅为历代所推崇，而北宋中后期出现的汝窑，特别是专为宫廷烧造的御用瓷器"汝官瓷"，更是以其"青如天，面如玉，蟹爪纹，芝麻挣钉釉满足"等绝难复制的特色赢得了"汝窑为魁"的美誉。[①]看来以"玛瑙入釉"呈现出皇帝梦中的色彩，正是传说中汝窑精致华美的关键，也造成了汝窑的稀有。而且，南宋距离北宋时间很近，连南宋人都发出"近尤难得"的感叹，时至今日，汝官窑瓷器就更为难得了。

天青色，作为汝窑最具代表的颜色之所以让文人雅士所倾倒，是因为这种特别的颜色在不同的光照和不同的角度观察时，会呈现不一样的变化，这也是汝窑瓷器的魅力所在。在明媚的阳光下，汝瓷的颜色会青中泛黄，恰似雨过天晴、云开雾散时澄清的碧空中泛起的金色阳光；而在光线暗淡的地方，其颜色又是青中偏蓝，犹如清澈的湖水。

与此同时，汝瓷釉面涵润柔和、纯净如玉的特点也让人难以忘怀。抚之如肌肤，温润光滑，光亮古朴，釉如堆脂，素静典雅，色泽滋润

---

① 赵青云：《天下宋瓷　汝窑为魁》，《收藏界》2008 年第 8 期。

纯正，其釉面有酥油般的感觉，有似玉非玉之美。其实，这种天青色是釉中含有少量铁造成的。烧造时，青色的深浅随温度的高低而变化。这种釉料不含任何人工化学成分，是数十种天然石料中微量元素形成的颜色，这也是后世难以仿制的原因。

多部历史文献也曾记载，北宋以后历朝历代都曾尝试复烧汝瓷，但没有一次获得成功。特别是明清时期，宣德、雍正、乾隆等数代帝王都曾招募天下最优秀的工匠，在景德镇建御窑仿制各地窑的瓷器，其他宋瓷几乎都可以仿到乱真，唯独天青色的汝瓷无法仿造。

此外，汝官瓷的胎质具有独特质地，其胎质细密，胎壁薄坚，由于胎土中含有微量的铜，使得其胎体色泽近似燃烧后的香灰，俗称香灰胎，又叫铜骨。[①] 由于汝瓷釉厚，并在釉中存有少量气泡，在光照下时隐时现，似晨星闪烁，古人对此即有"寥若晨星"之称。这也是指在汝窑瓷片的断面，肉眼可见一些稀疏的气泡嵌在釉层的中下方，而用放大镜于釉面上观察，中层的这些气泡，于釉层内呈稀疏的晨星状分布。但是，蕴藏在釉层最底下的另一部分气泡，从釉面上则很难透见，这也属于汝瓷的又一特征。

四、钧窑

钧窑，即钧台窑，地处今河南禹州市古钧台和神垕古镇一带，宋时属钧州，故称钧窑。钧窑是在柴窑和鲁山花瓷的基础上综合而成的

---

① 赵青云：《天下宋瓷　汝窑为魁》，《收藏界》2008 年第 8 期。

一种独特风格，受道家思想深刻影响，规整对称，高雅大气，宫廷气势，一丝不苟，其势沉重古朴，明亮而深沉。在宋徽宗时期，钧窑发展达到高峰，其工艺技术发挥到极致。

钧窑是宋代五大名窑之一，但钧窑之名鲜见宋代文献记载。20世纪60年代初，故宫博物院两次派人去禹县（今河南禹州）与临汝县（今河南汝州）窑址调查，采集标本。在发表的报告中，认为钧窑始烧于北宋，窑址标本具有典型的宋代特征。[①]传世的大量钧窑花盆、尊、洗等器大多属仿古式样，与宋代官、汝、定窑有共同特点，都应是为宫廷需要而烧制的。

钧窑除烧钧瓷，还兼烧印花青瓷、白地黑花釉下彩绘及黑瓷。从窑址全部标本看来，钧窑始烧于北宋，金元时期依然持续生产，并兼烧白地黑花及黑釉器。北宋时期钧窑已影响今河南省内一些瓷窑，金元时期影响面更广，不仅今河南省内钧瓷的瓷窑有了显著的增加，而且影响到今河北、山西两省，形成了一个钧窑系。

钧窑属北方青瓷系统，钧窑瓷器独特之处在于它是一种乳浊釉，釉内含有少量的铜，不同于汝窑，烧出的釉色青中带红，有如蓝天中的晚霞。青色也不同于一般的青瓷，虽然色泽深浅不一，但多近于蓝色，是一种蓝色乳光釉，是青瓷工艺的一个创造和突破。

钧窑大部分产品的基本釉色是各种浓淡不一的蓝色乳光釉，蓝色较淡的称为天青，较深的称为天蓝，比天青更淡的称为月白。这几种釉都具有萤光一般幽雅的蓝色光泽，其色调之美，实非言辞所能表达。这种蓝色的乳光釉是钧窑的一个重要特色，但是对于这种奇特的乳光现象和那种幽雅的蓝色的形成机理，以及釉的外观跟釉的化学组成及其烧制温度之间的关系历来很少研究。20世纪60年代初期中国科学院

---

① 何丽丽、游雪晴：《五大名窑，你不知道的那些事儿》，科技日报2016年1月15日。

硅酸盐化学与工学研究所（今中国科学院上海硅酸盐研究所）以及 20世纪 70 年代中期山东淄博陶瓷研究所都对宋元时期的钧窑作了较为系统的科学研究。

宋代钧窑开创性地使用铜的氧化物作为着色剂，烧制成功铜红釉，为我国陶瓷工艺、美学开辟了一个新的境界，这是一个了不起的成就。这对后来的陶瓷业有着深刻的影响，使陶瓷装饰的百花园中又陆续开放了不少瑰丽的花朵。[①]

五、定窑

定窑，位于今河北省曲阳县涧磁村及燕川村。曲阳县宋属定州，定州在唐末五代以来是义武节度使的驻地，是一个地区的政治中心，也是曲阳瓷器的集散地。定窑烧的是白瓷，对后代瓷器有很大影响。

定窑，自古有不少文献记述。如宋初的《吴越备史》内有所谓"金装定器"之说，又如《宋会要辑稿》和《宋两朝贡奉录》等书都在"贡瓷"内列有"金扣、银扣定器"的名目。宋人邵伯温《闻见录》内还有"定州红瓷"故事的记载，说的是宋仁宗是个非常俭朴的皇帝，有一天他跑到他的张贵妃那里，突然看见一件定州红瓷器。他就问："你这个东西是哪儿来的啊？"妃子说："是一个叫王拱辰的大臣送的。"皇帝生气了："我经常告诉你，不要接受大臣的馈送，你为什么不听呢？"说完以后，手持柱斧，当场把它打碎了。我们可以想象那个场

---

① 程江琳：《浅谈钧窑特色及色釉的传承》，《景德镇陶瓷》2020 年第 6 期。

宋定窑瓷器

面，皇上非常愤怒，张贵妃非常愧疚。宋仁宗非常宠爱张贵妃，尚且这样严厉地批评她，可见是个圣主。这个故事说明什么问题呢？首先说明这个红定瓷在当时是稀少贵重的东西，要不然皇上见到不会特别在意；其次说明皇上非常清醒简朴，对身边人要求严格，不允许贵妃收大臣的礼。

定窑白瓷不仅釉质莹润，色泽温和，宛如牙雕，而且构图疏密得当，线条清晰刚劲。白瓷一般不施加白土化妆，而恃其胎体本色，以表现出深浅凹凸的艺术效果。然而窑址所出残片中，也有少数印花或光素无纹的白瓷仍保持早期薄施白土化妆的做法，以使釉色白净或突出印花纹饰。①

定窑白瓷的装饰技法有刻花、划花、印花、剔绘花及浮雕等多种。纹饰布局严谨、层次分明、线条清晰、繁密有致是它的主要特点。题材多取自当时的缂丝和金银器上的图案，精美细密，对当时及后世印花图案有着深远的影响。定窑白瓷上常用的纹饰有水波、游鱼、走兽、

① 韩涵：《浅谈宋代陶瓷工艺》，《大众文化》2009年第24期。

飞禽、婴儿、花卉等。以花卉最为常见，包括牡丹、莲花、菊花等。鸟类则有凤凰、孔雀、鸳鸯、芦雁、野鸭等，多与花卉组合在一起。主要器形有碗、盘、罐、瓶、盂、盒、枕、灯等日常用具。比较罕见的还有柳斗盂、孩儿枕、泅龟①等，造型逼真，十分可爱。

定窑除以白瓷驰名之外，还兼烧黑釉、酱釉和绿釉器。明曹昭《格古要论》说："有紫定色紫，有墨定色黑如漆，土俱白，其价高于白定，俱出定州。"黑定与紫定胎质与白瓷一样，同样都是白胎，黑定釉色光可鉴人，确有漆的质感。

定窑覆烧工艺是宋代瓷器的装烧方法之一，是把盘子之类器皿反过来烧，故称为覆烧。这种工艺是河北曲阳定窑首先创造的，对北方及江南地区青白瓷窑有很大影响。因为用同样的窑炉，耗用同样的燃料，烧一次窑比原烧法产量高得多，这就是覆烧方法得到普及推广的主要原因。

宋代五大名窑制瓷工艺在我国陶瓷史上的最大贡献是为陶瓷美学开辟了一个新的境界。宋代瓷器多以其淳朴秀美的造型，配以绚丽多彩的釉色或变化万千的结晶、片纹而引人入胜，独树一时，至今仍称颂于世，令人叹为观止；可以说是将形态、色彩、纹理乃至光亮，均调和得恰如其分，达到了科学技术与工艺美术互相融合的高峰。

---

① 泅龟，一种龟形研磨器或茶碾。

清雅瓷魂
QINGYA CIHUN

越窑师祖

据历史考证，越窑、瓯窑青瓷始于汉代，婺窑、德清窑青瓷始烧于三国，稍早于龙泉窑青瓷。特别是越窑，可谓为中国青瓷的祖师爷，而上虞则是世界青瓷的发源地。

2005年，时任浙江省考古研究所所长沈岳明代表省考古专家组正式向外界宣布：曹娥江流域是世界青瓷发源地。这是浙江省考古专家在对上虞市大园坪东汉窑址进行近两个月的发掘后，根据出土的大量文物得出的结论。浙江上虞一带烧出的"青瓷"可被誉为"瓷祖"，上虞不仅是中国最早制瓷的地区，也是世界瓷器的发源地。毫无疑问，汉代是中国陶瓷发展史上的一个特别时期，历史上我们习惯于将"china"（瓷器）等同于"China"（中国）。汉代及其以前，浙江的原始瓷和青瓷在中国的陶瓷业中占据重要的地位。从春秋战国时代开始，浙江开始用长形窑"龙窑"烧制大量的印纹陶和原始青瓷。考古学上对它的评价是："从现在发掘的绍兴等春秋战国龙窑看，出现了印纹硬陶与原始瓷同窑合烧的现象，这是原始瓷器的开始，是我国陶瓷业的一个飞跃。"瓷器是古代越民在白陶、印纹硬陶的基础上，用专门的瓷窑——长形窑（俗称龙窑）烧制出来的。瓷的产生，揭开了中国陶瓷史上的新篇章。如果说我们远古的祖先在艰辛劳作中发明了陶器，那么聪明的浙江人（越地先民）则将陶器提炼得更富有美感和文化。青铜文明兴盛的时代，先民们在喜庆的时刻"罍爵并举"，开怀庆祝，而当青铜文明渐渐消失在历史的视野中时，人们猛然发现，作为陶器"兄弟"的瓷器渐渐为人们所熟知和重视。浙江先民创造的烧窑方法、窑炉构造、瓷器造型、瓷器纹饰等都对后世及其他海外瓷器的发展产生了很大的影响。每当人们谈起"china"时，浙江先民总是充满着自豪感，浙江人发明的瓷器、创建的"越窑"和"龙泉窑"青瓷的地位永远无法被取代，因为它是具有开创性的。

三国两晋南北朝时期，浙江北部、中部和东南部的广大地区均建有窑场，它们分别属于越窑、瓯窑、婺窑和德清窑。越窑的主要窑场分布在今浙江余姚、上虞一带，瓯窑的窑场主要分布在今浙江南部的温州一带，婺窑的窑场主要分布在今浙江中部的金华、衢州地区，德清窑的窑场主要分布在杭嘉湖平原。其中，发展最快、窑场分布最广、瓷器质量最高的是越窑。越窑的瓷器品种繁多，式样新颖，达到了实用与美观的完美结合。瓷器胎质坚硬细腻，呈青灰色，釉色纯净，是这一时期青瓷产品中的佼佼者。

越窑是中国最古老的瓷器窑场，唐代著名诗人陆龟蒙在《秘色越器》

三国越窑（一心 摄）

中以"九秋风露越窑开，夺得千峰翠色来。如向中宵承沆瀣，共嵇中散斗遗杯"的诗句赞美越窑瓷器的釉色精美。"茶圣"陆羽也在其论茶专著《茶经》中称："碗，越州上……或以邢州处越州上，殊不然。若邢瓷类银，越瓷类玉。邢不如越，一也。若邢瓷类雪，则越瓷类冰，邢不如越，二也。邢瓷白而茶色丹，越瓷青而茶色绿。邢不如越，三也。"清代蓝浦在《景德镇陶录》中将越窑的创烧定为唐代："越窑，越州所烧，始唐代，即今浙江绍兴府，在隋唐曰越州。瓷色青，著美一时。"但当代陶瓷研究对越窑始于唐代一说提出了质疑，故宫博物院著名古陶瓷专家陈万里先生，最先运用现代科学考古的方法对越窑遗址进行考察调查，并在窑址中发现大量唐代以前的青瓷标本。他所著的《瓷器与浙江》和《中国青瓷史略》都对越窑起源于唐代提出质疑。根据最新考古资料分析，越窑的历史可分为起源、发展和鼎盛三个时期。大量的考古资料表明，越窑瓷器出现于东汉。东汉越窑瓷器在上虞出现并不是偶然的。首先，这里蕴藏着大量的优质瓷土资源；其次，这里山峦起伏、森林密布，有丰富的烧瓷燃料；再次，上虞地处杭州湾南岸，曹娥江纵贯全境，水运交通十分便利。正是基于这三点，上虞越窑成为中国瓷器的发祥地。越窑青瓷自东汉创烧以后，在三国两晋南北朝时期得到了迅速发展。绍兴、上虞、余姚、宁波、奉化、临海、萧山、余杭、湖州等市县都发现了瓷窑遗址。六朝时期的越窑是我国最早形成的窑场众多、分布地区很广、产品风格一致的瓷窑体系，而中心窑场仍然集中于上虞。^①六朝晚期（从南朝起）越窑的制瓷中心逐渐转移到余姚的上林湖地区（今属浙江慈溪）。

三国两晋南北朝时期，全国战乱频繁，瓷业生产也处于一个相对停顿和遭受破坏的状态，南北制瓷业的发展不平衡。南方相对安定，

---

① 程晓中：《千峰翠色话越窑》，《收藏家》2001 年第 6 期。

以浙江早期瓷业为中心形成的越窑，继承并发展了东汉青瓷的成就，中国陶瓷史上习惯称这一时期南方的青瓷为"六朝青瓷"。

在浙江上虞境内共发现160余处三国两晋时期的窑址。三国时期窑址主要分布在联江乡帐子山、鞍山，上浦乡大陆岙、胡家埭石门槛，皂湖乡庙后山，梁湖乡猪头山，路东乡回龙山，百官镇九浸畈及横塘乡庙山等地。西晋时期比较集中，基本上分布在上浦乡凤凰山、尼姑婆山，皂湖乡皂李湖畔的多层山、宋家山、老鼠山、庙山，横塘乡的马山、夹坝山、馒头山，形成三大中心点。其中上浦乡大善村的凤凰山、尼姑婆山窑址的烧造规模较大，窑场面积各约180平方米，遗物堆积层较厚。东晋南朝遗址共14处。东晋时期主要分布在皂湖乡鲤鱼山，横塘乡羊岙山、顶拱岙，梁湖乡晾网山等地，鲤鱼山、羊岙山具有代表性。南朝窑址主要分布在皂湖乡沿山、西华瑶、窑山、后山头，上浦乡姥山、寺山，联江乡帐子山等地，以上浦乡姥山及皂湖乡沿山长池湾、西华窑址具有代表性，姥山窑址遗物堆积丰厚，分布较广。三国时期的越窑遗址在上虞发现30余处，比东汉时增加4至5倍，发展非常迅速。这时的越地青瓷基本上摆脱了陶器与早期青瓷器的工艺传统，形成了自己的特色，并且瓷器渗透到社会生活的各个方面。三国吴时，越窑青瓷胎质坚硬细腻，呈淡灰色，有的胎较疏松而呈淡黄色，釉色以淡青为主，间或有青黄釉、黄釉，釉层均匀，胎釉结合牢固，纹饰有弦纹、水波纹等，晚期出现斜方格网纹，在一些器物上堆塑人物、神像、佛像、飞鸟、走兽等。江南把东吴年号刻写在瓷器上的现象不少，其中最具代表性的器物是1955年出土于南京光华门外赵士岗4号墓的青瓷提梁虎子。器身呈茧形，圆口上翘，背部提梁为虎形，下腹部还贴塑有四肢，器身一侧刻有"赤乌十四年会稽上虞师袁宜作"的铭文。这段文字不仅明确标明了器物的制作年代（"赤乌十四年"是三国时期吴大帝孙权的年号即公元251年）、地点（会稽郡上虞县，

五代越窑瓷器

当时越窑的中心产区）、工匠（袁宜），而且开创了瓷器铭文的先河，成为中国历史上第一件具有绝对年代的标准器。此外，1958 年在南京清凉山吴墓出土的青瓷熊灯也是一件造型生动且带有铭文的越窑青瓷。熊灯由灯盏、支柱和承盘三部分组成，其独特之处在于支柱为一只憨态可掬的小熊，小熊作蹲踞姿，双腿（后肢）撑地，身体直立，双手（前肢）上举扶头做人立状，底部露胎处刻有"甘露元年五月造"铭文（"甘露元年"是吴末帝孙皓的年号，即公元 265 年）。这一时期器物的造型特征是上大下小，圆形器物的最大直径在上腹部或肩部，口、底直径较小。瓷器上刻工匠名称，说明当时可能已经形成了制瓷的专业工匠。这件在浙江上虞生产的瓷器，出现在南京官僚贵族的墓中，这说明瓷器的生产和流通已有相当规模。①

宁波市东钱湖畔的越窑遗址是浙江四大青瓷古窑遗址群之一。位于东钱湖畔的玉缸山窑是宁波市最早的古窑址，制瓷年代为东汉至三国时期。因其所产瓷器色泽如玉，遂称其地为"玉缸山"。采集的主要器物有罍碗、壶、罐、钵等，釉色青中带灰，细腻光亮，胎质坚硬，纹饰以拍印的席纹、网纹为主，器耳多为羽毛纹。窑具有覆钵形垫座、筒形垫具、双足器、三足垫饼等。与其相邻的郭家峙王家弄（亦称郭童岙）南坡也有东汉窑址，产品有碗、罐、钵、盘等，纹饰有打印的藻纹、网纹等，罐的系耳有羽毛纹，窑具有筒形垫座、小圆饼三足器等。东钱湖畔出土的青瓷残片，充分证明了汉代青瓷生产早已在浙东发展。

西晋时，瓷窑数量激增，青瓷的产量和质量均有明显提高，青瓷的胎质比以前加厚，胎色变深，呈灰色、深灰色，釉呈青灰色，釉层厚而均匀。这一时期是青瓷花式品种最多的时期，除日常用具层出不

---

① 程晓中：《千峰翠色话越窑》，《收藏家》2001 年第 6 期。

穷外，明器①也大大增加，纹饰有弦纹、斜方格网纹、连珠纹，还有忍冬、飞禽走兽组成的花纹带。东晋时期，青瓷生产出现了普及的趋势，但器物的造型逐渐趋向简朴，装饰大为减少，明器也极少见，纹饰以弦纹为主，水波纹减少。

南朝时，越窑的烧造扩大到浙西北的吴兴（今浙江湖州），浙东的余姚、奉化、临海等地。这一时期的产品仍采用前期的制瓷工艺：多数胎壁致密，呈灰色，通体施青釉；少数胎质较松，呈土黄色，外施青黄或黄釉。南朝早期，褐色点彩仍流行，但比东晋时小而密，刻划莲瓣纹很流行。20世纪末期，在广东罗定罗镜鹤咀山发现的南朝墓是目前岭南发现的规模最大、出土文物最多的一座南朝墓葬。墓中出土精美的越窑青瓷56件，是1000多年前青黄釉瓷器中的精品。尤其是其中两只瓷罐有偶然烧出的"窑变"釉色，犹如千峰青翠点缀一缕紫霞，十分罕见。

浙江慈溪上林湖是我国瓷器的发祥地之一。通过对标本的对比、研究，可确认东汉三国时期窑址11处，东晋南朝时期窑址9处。东汉至三国时期，上林湖越窑产品比较简单，主要有罐、壶、坛、碗、钵、盘、洗等。这些器物胎质坚硬，较粗糙；施青釉、青绿釉或酱色釉，釉层不匀；有羽毛纹、网格纹、麻布纹、席纹、窗棂纹、方格纹、水波纹等多种纹饰。两晋至南朝时期，产品种类增多，制作工艺改进，造型趋向秀丽。施青灰釉成酱色釉，釉层均匀。南朝盛行佛教，以莲花瓣为主要纹饰。1977年慈溪宓家埭乡杜湖水库晋太康元年（280）墓出土的西晋青瓷谷仓罐，分上下两部分：上部为一座内圆壁外方形的楼阙堆塑，楼阙周围堆塑着人物、猴子、飞鸟、小狗等，形态自然，栩栩如生；下部为罐体，腹上部堆塑人马、辟邪、羊。通体施釉，釉色青中泛黄。

---

① 明器，古代陪葬的器物，也作"冥器"。

越瓷是我国陶瓷艺术园地中的一枝奇葩。早在商朝中期，古越人就率先彩叠压的"龙瓷"，烧制印纹硬陶，釉色绿中泛黄，具有一定的光泽度，这就是历史上的原始青瓷。至东汉，制瓷技艺日趋成熟，至今在曹娥江两岸遗留下来的汉代古窑址就有40多处。从这些古窑中发掘的瓷片，经过化验表明，烧成温度达1300℃左右，釉色呈淡青色，光亮明快，瓷胎质地坚实细致，说明越瓷从色泽到质地，早在1800多年前的东汉时期，已具有相当水平了。到了唐代中后期，由于创制了将坯盛于匣钵之中与火分离的操作法，瓷器烧制技术达到了纯熟的程度。当时的越瓷器形端庄，器壁减薄，色泽青绿、晶莹，质量居全国瓷器之冠，蜚声海内外，产品传到今日本、朝鲜、巴基斯坦、伊朗等地区。如今，世界上许多国家的博物馆中，都收藏有越瓷的珍品。但南宋以后，越瓷生产渐趋衰落，为龙泉窑等名瓷所取代。

新中国成立以来，随着绍兴瓷厂、上虞陶瓷厂的建成投产，失传近千年的越瓷又重放光彩，今日绍兴瓷厂已初具规模，年产量达到3500万件以上，品种多达500余种，各类产品古风犹存，但质地更精，被誉为"越窑新瓷"，行销40多个国家和地区。近年来，上虞在恢复发展越瓷生产上也取得了可喜的进展。上虞陶瓷厂在对大量的古窑址

西晋龙窑（一心 摄）

和瓷石矿点的调查研究的基础上，经过 50 多次的配方试烧，终于获得仿越窑青瓷的试制成功，于 1983 年通过省级鉴定，并获得浙江省优秀科技成果奖和省优秀"四新"产品奖。1987 年 6 月，该产品在瓷都江西景德镇举行的全国陶瓷评比会上，获得优胜产品称号。1984 年在美国路易斯安那世界博览会上，1985 年春季在日本筑波城召开的世界博览会上，和同年 11 月在北京举行的亚太地区世界博览会上，该产品均获得极佳的风评。①

越窑青瓷历史悠久，影响深远，备受人们的赞赏和青睐，是汉族传统制瓷工艺的珍品之一。越瓷的特点是胎骨较薄，施釉均匀，釉色青翠莹润，光彩照人。越瓷不但是供奉朝廷的贡品之一，而且是唐代一种重要的贸易陶瓷，同时与唐代精美工艺品和文苑艺术交相辉映，在工艺美术领域里开创了一个新的世界。

上虞越瓷陈列室于 1986 年 6 月开放，是上虞市文物管理所陈列展览的重要组成部分。后殿建筑殿阁高耸，雕梁画栋，展室作"回"字形陈列，室内采用灯光照明，展厅面积 324 平方米。越瓷陈列室陈列了大量出土器物、窑址瓷片、有关的文字资料、各类图表及古窑址的照片。陈列系统地介绍了上虞瓷器的起源、发展和衰落的历程，展示了瓷器工艺的演变过程和从战国至北宋上虞瓷业的生产概况。整个陈列主要分为东汉时期、三国西晋时期、东晋南朝时期、唐代和五代北宋时期等五个部分。每一部分都有地图表明当时窑址的分布情况，展出具有代表性的窑址瓷片、窑具和出土瓷器。

陈列室序幕，介绍了上虞古窑址分布情况和由陶到瓷发展的概况，展出了从先秦时期的原始瓷到东汉时期的原始瓷。

第一部分为东汉时期，着重展出了东汉小仙坛古窑址的瓷片标本

---

① 朱尧臣：《越窑谈略》，《陶瓷研究》1992 年第 3 期。

上浦越窑青瓷馆（一心 摄）

及其科学测试的数据，以及这一时期古窑址中出土的三足饼状垫座、束腰筒状支座等窑具和制瓷过程的简略介绍，同时还展出了这一时期上虞出土的青釉五管瓶、黑釉耳杯等完整器物，说明当时上虞生产的青瓷已达到成熟瓷器的标准。

第二部分为三国西晋时期，展示了从这一时期窑址中出土的短筒状或匣状垫座、三足支钉、齿口盂形间隔具，以及制瓷工艺、窑址数量的增加、窑炉结构的改进等，反映了这一时期上虞制瓷业的空前繁荣，特别是展出的堆塑罐、羊形器、四耳罐等器物，质地良好，釉色精美。

第三部分为东晋南朝时期，从展出的青瓷双耳罐、盘等物以及一些窑址的瓷片标本中，我们可以窥见上虞这一时期瓷业的衰败趋势；同时，展出的完整器物的装饰明显地流露出佛教艺术的影响。

第四部分反映了唐代是上虞青瓷的复苏、繁荣时期。展出的匣钵窑具是这一时期烧瓷工艺技术进步的一大标志。展出的蟠龙罂、粉盒、注子等器物，釉色莹润，质地精美，有类玉、类冰之美称，这表明唐代上虞的青瓷烧造已达极高的水平。

陈列的最后部分是五代北宋时期，这是上虞越瓷由盛转衰期。展示的青瓷粉盒、狮形枕、注子等这些盛期的产品，质地和釉色都很精美，说明上虞制瓷业已达到全盛时期，展出的窑寺前窑址的标本也说明了这一点。在陈列的尾声中简略介绍了上虞越瓷衰落的原因。

龙窑瓷都

　　龙泉窑是中国历史上罕有的窑场最多、分布最广、产量最大的窑。它的烧制史如同一部中国历史发展史：始烧于三国两晋，历经五代、北宋的发展期，南宋、元代达到巅峰，明中后期至清代逐渐衰退，新中国成立后迅速恢复，走向复兴。它是中国制瓷史上延续时间最长的一个瓷窑系，其烧制的青瓷是传统工艺的珍品。2009年，龙泉青瓷传统烧制技艺被列入联合国教科文组织人类非物质文化遗产代表作名录，成为全球迄今唯一入选的陶瓷类项目。

　　龙泉窑是中国历史上的名窑，因在浙江龙泉市而得名，且以烧制青瓷闻名。龙泉青瓷是中国瓷器的杰出代表，是中国的标志性文化符号之一，在国内外都享有极高的声誉。龙泉为宋代最大的瓷业中心，北宋早期以前的青瓷产品风格受越窑、瓯窑、婺州窑的影响，特征与三窑的产品相似。南宋为其工艺最高峰，和汝窑、南宋官窑相比，龙泉窑的釉色更加清亮，尽得江南草木之精华，此时的瓷釉采用了二元配方，即瓷土加紫金土。后来，晶莹如玉的梅子青釉和粉青釉涌现，这两种颜色被认为是青瓷中最经典的釉色，至今仍然是瓷色之魁。"蔚蓝落日之天，远山晚翠；湛碧平湖之水，浅草初春"，这是对龙泉梅子青、粉青釉色的最美赞赏。

　　南宋时期，龙泉窑得到空前的发展，龙泉青瓷进入鼎盛时期。据史料记载，在宋元时代，瓯江两岸，瓷窑林立，烟火相望，江中运瓷船舶来往如织。其主要原因：那时南宋建都临安（今杭州）以后，全国政治经济文化中心南移，王室和达官贵人以及地主商人纷纷南迁，江南一带人口激剧增加。同时汝窑、定窑等名窑相继遭到战争的破坏而停止生产。五代吴越国时，曾盛极一时的上林湖越窑也由于瓷土、柴料等资源供应紧缺而凋零。由此形成了一个以龙泉为中心，向四面八方辐射、窑场众多的瓷窑体系，龙泉成为当时我国最大的瓷器生产中心。南宋政权一方面为满足皇室贵族、官僚豪门和富商大贾的奢华生活的需要，另一方面为了解决财政上的困难，大力发展手工业，鼓励对外贸易，使龙泉青瓷成为当时主要出口商品之一。而当时龙泉的制瓷业，没有受到战争的破坏，大量的青瓷输向国外，这有力地促进了龙泉青瓷的全面发展，龙泉成为南宋时期全国最大的制瓷中心。当时著名的窑场大窑，从高际头到坳头村，沿溪十里就密布窑址近60处，几乎每一座山坡上都有窑址。青瓷生产的繁荣景象，大大促进了青瓷质量显著提高，驰名中外的粉青、梅子青釉瓷色就是在南宋龙泉窑中烧制成功并把青瓷釉色之美推到顶峰的。

龙泉窑经历了怎样的发展轨迹呢？朱伯谦先生在《龙泉窑青瓷》一书中曾将龙泉窑的发展归纳为开创、发展、鼎盛和衰落四个阶段：魏晋和五代十国是开创时期，瓷窑少，生产时断时续，处于就地销售

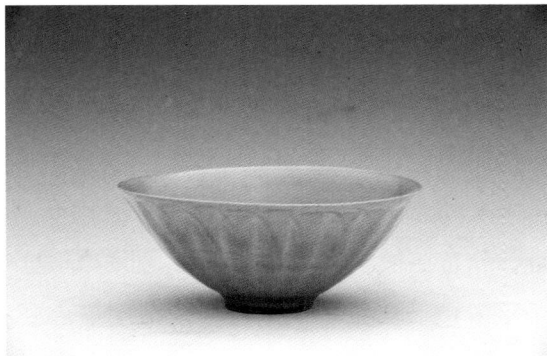

南宋龙泉窑瓷器（朱志敏 摄）

断断续续的生产阶段；北宋至南宋前期是发展期，瓷窑发展快，逐渐形成一个较大的瓷窑体系；南宋后期至元代是鼎盛期，瓷窑迅速发展，青瓷质量大大提高，产品畅销国内外广大市场；明清是衰落期，尤其是明代中期以后龙泉窑处境艰难，瓷窑不断地倒闭减少，至清代晚期结束。这四个阶段勾勒出了龙泉窑发展历史的整个脉络，说明龙泉窑

发展史上的辉煌时期经历了 500 多年。

龙泉窑之所以能与宋代五大名窑并列，被称为宋代六大名窑，是因为龙泉窑悠久的历史奠定了精湛的技艺和精美的釉色，另外龙泉窑的迅速崛起很可能和龙泉窑为朝廷烧制"贡品"有关。在考古搜集时，专家们曾找到这样一件淡青釉罐，其外壁釉下写着"天福元年重修窑炉，试烧官物，大吉"。天福元年也就是公元 936 年，天福是后晋高祖石敬瑭的年号。据此推测，龙泉窑在五代后晋时就为朝廷烧制"官瓷"了。再说，史籍中的哥窑与弟窑均为龙泉窑，其中哥窑为五大名窑之一，是学术界无须争辨的事实。官窑与龙泉窑息息相关，从龙泉窑址的瓷片来看，其产品与南宋郊坛下官窑瓷器有许多相似之处，所以说南宋绍兴元年（1131）之后相当长的一段时间内，朝廷令地方州府为宫廷代烧官窑瓷器，也符合常理。可以想象朝廷的贡品质量要求是非常高的，只有青瓷界的顶级专家精心创作，才能推动龙泉青瓷质的飞跃。

龙泉窑的分布范围之广，产量及出口量之大，在历史上是绝无仅有的。迄今为止，全国发现属于龙泉窑系的窑址达 600 余处，浙江省境内分布在龙泉、庆元、云和、景宁、遂昌、松阳、丽水、缙云、青田、武义、永嘉、文成、泰顺，龙泉境内有 390 余处。福建省亦有不少窑址，分布在松溪、浦城、莆田、仙游等地。江西省有吉州、洪州、弋阳、乐平等地。广东省烧制青瓷的范围最广，有窑址 53 处。湖南、湖北省也有一些窑场。值得一提的是，埃及、日本、韩国、伊朗、印度尼西亚、泰国、越南等国都有仿烧龙泉窑、元青瓷的窑址。分布在国内外的这些

元代龙泉窑瓷器（朱志敏 摄）

龙泉窑址，大多数是龙泉人远走他乡创办起来的，或者是师傅带徒弟手把手教出来的，可以说这些走出去的龙泉人就是宋元年代成长起来的龙泉青瓷创始人，正如同当今"一带一路"走出去的龙泉青瓷工匠和青瓷企业家。

分布在龙泉境内的龙泉窑址大多没有深度发掘，或许还有一些窑址尚未发现。从考古发掘中的窑址分析，大窑、金村窑、溪口窑这三大窑系的窑址最多，质量也最精。

一、大窑古瓷窑址

大窑古名琉田，在龙泉市南 42 千米处，是一个山环水绕、竹木蓊郁的山村。这里茂密的山林、清澈的流水和琉华山麓蕴藏丰富的瓷土矿，为瓷器生产提供了十分有利的自然条件。大窑村周围的古窑址分布非常密集。从大窑高际头到坳头村沿溪十里的山坡上共有大小窑址近 60 处，每个窑址的瓷片和窑具堆积如山。[①] 由此可以推想当时大窑一带制瓷业的兴旺盛况。大窑青瓷器之品质亦为龙泉其他窑场所莫及，是龙泉窑业最有代表性的一处窑址群。可惜在民国初年至抗日战争期间，这一带的窑址多次被大规模盗掘，许多重要的遗迹遗物被破坏，不少珍品流往国外，祖国的宝贵文化遗产惨遭严重摧残。新中国成立后，党和政府十分重视对大窑古窑址的保护和研究。近一个世纪以来，大

---

① 朱伯谦、王士伦：《浙江省龙泉青瓷窑址调查挖掘的重要收藏》，《文物》1963年第1期。

大窑考古发掘现场

窑古瓷窑遗址已经历了三次系统调查和发掘。

　　第一次发掘：1928—1940 年间，当代著名古陶瓷研究家陈万里先生曾不辞辛劳，多次跋山涉水去龙泉、丽水等地调查考察龙泉窑址，并将研究成果发表在《瓷器与浙江》《中国青瓷史略》等书籍中。

　　第二次发掘：1958 和 1981 年两次文物普查中，文物考古工作者对龙泉窑窑址进行了全面、系统的调查，并用两年时间对大窑龙泉窑窑址进行了发掘。1988 年，中华人民共和国国务院公布龙泉大窑遗址为全国重点文物保护单位。[①]

　　第三次发掘：2006 年 9 月至 2007 年 1 月，浙江省文物考古研究所、北京大学考古文博学院、龙泉市博物馆联合对龙泉大窑枫洞岩遗

---

① 张国云：《龙泉青瓷》，《中国作家纪实》2017 年第 8 期。

址进行了主动性的考古发掘，开展了4个多月，取得了阶段性的成果，并在龙泉市召开了龙泉窑考古发掘专家论证会。与会专家对枫洞岩窑址发掘清理的遗迹和出土遗物的价值意义进行了论证，确认这个窑址是明代宫廷用瓷的产地。此次发掘面积1600平方米，清理出了一些重要的遗迹，计有窑炉遗迹8座，房屋遗迹6座，储料池3座，辘轳坑2个，水沟13条，古代道路10条，古代石墙、匣钵墙21条，还出土了丰富的遗物，包括瓷片、窑具和其他工具等，总数计有50余吨，其中完整和可复原的器物有近万件。①

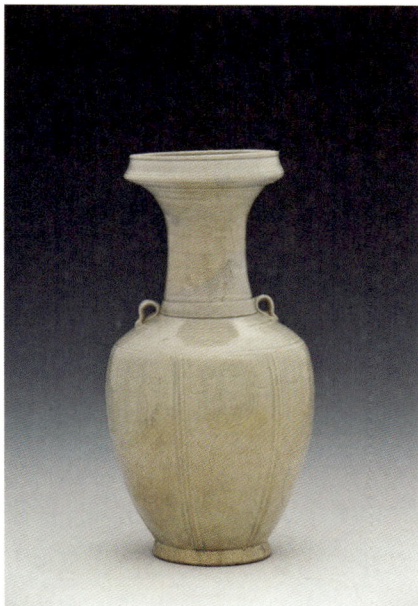

五代龙泉窑瓷器（朱志敏 摄）

文物遗存瓷器代表器皿有莲口牡丹花纹大盘、鼓钉炉、三足花盆、爵杯、莲瓣纹高足杯、方口福寿瓶、牡丹花纹梅瓶、五爪龙纹盘残片等等，还有多件带有"永乐九年""永乐辛卯""乙卯中"及八思巴文等纪年文字的器物，从器类、器形和装饰等方面极大地丰富了明代龙泉窑的历史考古资料。遗址中在明代初年的地层中出土了一批制作工整、纹样精细、釉色滋润、器形庞大的瓷器，其精美程度是以往龙泉窑瓷器中少见的。窑炉有龙窑和阶级窑两种。宋元时期的窑炉均为龙窑，依窑址分布于山坡建造，窑身狭长，前后倾斜。前端为火膛，中间为窑室，后部为排烟室。火膛平面呈半圆形。窑室前墙正中开狭长的火门，

---

① 张国云：《龙泉青瓷》，《中国作家纪实》2017年第8期。

火门下有进风口。窑室似斜长的通道，宽 2 米左右，窑底呈斜坡状。

在大窑遗址中发现的一座南宋时期龙窑，共有 9 个窑门，其中 8 个开在东壁，1 个开在西壁，且与烟囱接近。可以看出当时装窑和出窑都集中在一边。这和场房、出入道路有关。至明代，窑炉结构有了变化，出现了半倒焰式的阶级窑。已发现的一座早遭破坏，仅见尾部两室和一个烟囱。窑体前宽后窄，室与室之间有二堵挡火墙，前一堵下部砌有烟火弄 7 个，后一堵挡火墙用匣钵砌成。

大窑遗址的发掘工作对制瓷业发展史的研究以及社会经济都有较高的价值。

历史文化价值：这次龙泉大窑的发现，颠覆了此前"龙泉窑至明代已衰落"的说法，还原了一段真实的历史。业内专家认为，这一发现在学术上将具有划时代的意义。龙泉窑遗址发掘清理出的重要遗迹，填补了陶瓷考古的空白，反映了龙泉窑悠久的烧制历史，证明了龙泉窑明代初期向中后期延伸的历史。出土的遗物为人们重新认识明代龙泉窑在中国陶瓷史上的重要地位提供了新的素材。[1]

社会文化价值：通过对大窑遗址的保护和利用，开展以聚落社会性质、经济生活和意识形态等为内容的考古研究、学术交流活动，不仅可以增长追根溯源的历史进程意识，增强民族自信心，还有助于恢复昔日繁荣和美好的生态环境，促进现代旅游业的可持续发展。大窑遗址及有关生态环境是历史发展、环境演变以及人与自然关系的忠实记录，不仅是考古学研究对象，而且也是经济、政治、文化、环境等领域间接和直接的研究对象，因而是经济建设、社会进步和生态恢复的重要借鉴。[2]

---

[1]　张国云：《龙泉青瓷》，《中国作家纪实》2017 年第 8 期。
[2]　李海燕：《大遗址价值评价体系与保护利用模式研究》，西北大学硕士论文。

龙泉窑大窑遗址（朱志敏 摄）

　　艺术研究价值：大窑遗址挖掘不仅对我国制瓷业发展史的研究有积极作用，其中出土的瓷器也有很高的艺术鉴赏价值。大窑遗址出土的文物中，多以瓷器、窑炉等为主，均具有极高的艺术价值。瓷器不仅制作工整、纹样精细、釉色滋润，而且器形庞大，这些器具反映了当时人们的审美情趣和艺术表现力，亦体现了当时社会的现实生活和社会风尚。青瓷遗址中在明代初年的地层中出土了一批制作工整、纹样精细、釉色滋润、器形庞大的瓷器，其精美程度是以往龙泉窑瓷器中少见的。

大窑遗址建设：大遗址保护是文化遗产保护工作的重要组成部分。从 2000 年开始，国家文物局提出建设中国大遗址保护展示体系，并将大遗址保护作为文物保护"十五"规划的工作重点。经过这些年的努力推进，大窑遗址保护工作取得令人瞩目的成果。龙泉市还根据大窑龙泉窑遗址的特性、内涵，最大限度保护好遗址的整体风貌和历史环境的真实性，保护与遗址相关的古村落，自然山水环境的自然风貌，真实完整保存并延续其历史信息，避免生产性建设性破坏，为将来进一步考古发掘研究展示利用提供条件。

大窑村建设："琉华含璋、三龟献瑞、石溪云堆、金巷流芳、琉田种玉、碧涧渔矶、溪源清隐、龟山古庙"这是大窑村《官氏家谱》中描述的 "琉田八景"，将整个大窑村的自然秀丽与文化内涵浓缩到了一起，是大窑村悠久历史的鲜明体现。从 2007 年至今，大窑村借助大窑枫洞岩遗址发掘的契机，以修复古文化遗址为重点，以修旧如旧、新旧协调为原则，恢复村内历史名胜古迹和人文景观，充分发挥独特的旅游资源，带动"农家乐"兴起，促进旅游经济发展。与此同时，大窑村村容村貌也得到了明显改善，修复了安清社殿，供奉龙泉发展史上的杰出青瓷人物章生一、章生二兄弟，修建了龟山古树群的观光栈道，建造了陈万里纪念亭，修复了陈万里旧居，等等。

二、金村古瓷窑址

金村离大窑村 2.5 千米，窑址群分布在金村、后岙、溪东等三个自然村和庆元县的上垟村等地，群山环抱，有溪流蜿蜒于山谷之间，汇入瓯江。村西北的仓岗等处有丰富的瓷土矿，加上茂密的森林和终年不竭的流水，构成制瓷业发展的良好自然条件。金村境内及以下沿溪两岸为低矮的山坡地带，是古人建窑理想之所。"金村窑址分布从北边的下坑屋后开始，河北岸往西有谷岩沿岗、屋后山，东南岸有溪东，往南沿河西岸有下会、后岙、大窑犇等窑址，过大窑犇进入庆元上垟，有 30 多处窑址。"① 明代陆容《菽园杂记》列举了龙泉窑七处窑场，金村名列第二。陈万里先生于 1934 年 11 月曾调查过金村窑。1960 年 4 月，朱伯谦、牟永抗、柯志平、张翔等专家负责发掘、研究，对金村 16 号古窑址进行了发掘。该窑距金村 1.5 千米，土名大窑坪，南向山坡，山脚离溪流 80 米，遗物堆积丰富，除表土层以外，共有三个堆积层，第三层由于在下层，没有展开清理，采集遗物少，器物种类不多，只有碗盘等少数品种，釉色大部为灰青、青黄、炒米黄、青绿、淡青等，后两者为少。青绿、淡青和部分灰青釉制品，外观明澈光洁，随釉层厚薄，色调不一，其胎色灰至灰白。此类产品大体代表当时上乘作品。第二层是遗物最为丰富的一个地层。产品以色调多变的灰青釉为多，有青黄釉，色调自青黄至油黄等有多种变化，也有青绿釉和近粉青色釉，有的釉层较厚，釉面外观一般光泽浑厚，富柔润质感。第一层遗物绝大多数产品迥然区别于传统形制，釉色较前期明显变化，粉青厚釉烧制成熟是本类产品的主要特色。为突出厚釉温润如玉的装饰效果，

---

① 浙江省文物考古研究所、龙泉青瓷博物馆：《浙江龙泉金村青瓷窑址调查简报》，《文物》2018 年第五期，第 27 页。

龙泉古龙窑遗址（朱志敏 摄）

并因厚釉影响釉下刻花透过，使刻花全面消失，出现不受厚釉覆盖影响的浮雕式莲瓣纹和堆贴的双鱼纹等。装烧使用垫饼承托器物足端，形成"沙足"，而外底施满釉，使制品外观更完美。研究人员对金村另外窑址也进行了全面调查。张翔《龙泉金村古瓷窑址调查发掘报告》从金村发掘情况和宁波海运码头遗址，以及湖北武昌卓刀泉发现的宋嘉定六年（1213）墓出土的青瓷瓶、绍兴缪家桥南宋古井出土的莲瓣碗、衢州史绳祖墓出土的莲瓣碗等，均属金村窑第三层弟窑型产品，推定弟窑型产品大致出现于公元1200年前后，进而推定金村三期制瓷年代约为南宋早中期，上限有可能跨入北宋门槛。2013—2014年，浙江省文物考古研究所与龙泉青瓷博物馆又对金村地区窑址进行了全面调查与有重点的试掘，认为："自北宋开始，龙泉窑开始成序列、成规模地烧造，不仅产品质量高，并且逐渐形成自己的风格。北宋时期的窑址最早即从金村地区开始，并迅速发展成这一时期的窑业中心。"金村窑作为龙泉窑一个重要窑区有持续四五百年甚至更长一些的繁荣和发展时期。

三、溪口青瓷古窑址

溪口青瓷古窑址距离龙泉市以南也是约40千米，距离大窑约5千米处，有一个村落叫溪口村，就是宋五大名窑之一哥窑的窑址所在地。溪口村四周群山环抱，风景秀丽，是依山傍水的风水宝地。溪口窑最著名的瓷窑是溪口瓦窑垟。在南宋后期，溪口窑系烧制了顶级的黑胎哥窑瓷器，俗称"铁骨"或"铁胎"，当地人谓曰"夹心饼干"，釉色以粉青为主，有的似碧波，有的如翠玉。其特征为"紫口铁足"和自然开片，产品流溢着一种古朴而奇特的审美意趣。溪口古窑址以查田溪口为中心，包括沿秦溪两岸的查田下堡项头。重要古窑址群、初步考古发现古窑址达13处之多。早在1976年查田下堡就出土南朝宋永初元年（420）墓葬品，其中有"鸡首壶""鸡冠壶"等八件南朝时期青瓷，同年12月于墩头村后田垄一墓葬中发现五代晚期北宋早期"五管瓶""盘口双系长颈瓶""瓜棱形执壶"等三件文物。1960年，浙江省文物考古队在溪口的瓦窑坪、骷髅湾、李家山等窑址初次发现黑胎青瓷与白胎青瓷混合堆积层，其中瓦窑坪以烧黑胎青瓷为主，品种丰富，质量高，瓷品造型优雅、制作精细，胎中氧化物含量比白胎青瓷少，而铝的含量高达25%至29%，个别达32%，坯体厚度多数在1毫米左右。由于坯体中铁的含量高达3.5%至5%，所以多数产品灰黑如铁，通称"铁骨"，少数呈黄色或砖红色。据浙江省博物馆张翔和多位考古学家分析和推测，溪口窑有可能为宋代龙泉哥窑青瓷的主要原产地之一。

1938年9月，古陶瓷专家陈万里第二次赴溪口调查，认为此处系古代龙泉烧瓷精华所集。他在笔记中指出："溪口大麻之有窑，原为典籍所不载，我于民国二十三年（1934）发现以后，曾将所获碎片与同好者商讨，并于浙江文献展览会上陈列之，于是湖滨骨董贾客，始知大麻二字，其黠者因此遂能道及溪口大麻，历历如数家珍。"陈万里认为：此地"颇多仿自铜器之式样，其为沿袭两宋官窑之作风，昭然可见，此实为龙泉造瓷中之黄金时代"。从陈万里的笔记中，我们看得出溪口窑在龙泉具有崇高的地位。陈万里甚至一度认为这里就是哥窑的原址，但最终因证据不足而未贸然下论断。陈万里当年无法确定哥窑产地的原因，是20世纪30年代来自各地的古董商发现龙泉窑址后，遗址遭到毁灭性的破坏。据一些老农回忆，当时中外古董商趋之若鹜，云集溪口一带，雇用当地农民对窑址进行大肆挖掘，并廉价收购所掘遗物，遗址被翻了好几遍，其破坏程度之严重可想而知。[①] 在此烧造宫廷用瓷是毫无疑问的，这里出土的陈设品许多是仿商周秦汉青铜器及玉器造型，受到赵氏帝王倡导的复古风气的影响。2012 年 11 月 9 日，来自中国科学院、中国社会科学院、故宫博物院、台北故宫博物院等的 20 多位专家经过两天的分析论证，正式确认宋代五大名窑之一哥窑的窑址就在龙泉市溪口窑。大家都传"哥窑无整器"，原因有二：一是哥窑烧制的时间不长；二是当时检验标准极其苛刻，少数好的直接进贡，但凡有一点缺陷就直接砸碎，并传有官兵把守监烧，导致存世的完整哥窑瓷器极其稀少，如有发现，必是国宝级重器。此处还需要说明的一点，有专家认为目前所记载的"传世哥窑"并非龙泉溪口的宋哥窑，事实上，对于"传世哥窑"是否属于龙泉宋哥窑，争议一直存在。早在 1943 年，陈万里先生就曾对"传世哥窑"的命名提出怀疑。故宫博物院研究员李辉炳也曾认为当年登记造册的故宫博物院瓷器专门委员犯了"张冠李戴"的错误，导致了一些错定。这"传世哥窑"指的是 1932 年，民国政府在接收清宫遗存的文物清点造册时，发现了一批前所未有且缺乏任何产地、烧造时间等记录的瓷器，便以"传世哥窑"称之。[②] 据了解，"传世哥窑"与"龙泉宋哥窑"有着非常显著的差异，釉质、釉色、开片等特征都差异明显。可以说"传世哥窑"与"龙泉宋哥窑"毫无关系，且有可能并非宋代烧制。

① 钱汉东：《中国陶瓷田野考古先驱陈万里》，《中国文物报》2007 年 10 月 24 日。
② 范昕：《"哥窑"谜团正被解开》，文江报 2012 年 11 月 18 日。

清雅瓷魂 QINGYA CIHUN

哥弟瓷缘

相传千年的哥窑与弟窑，龙泉青瓷界无人不晓，无人不知。

话说宋朝，离开龙泉县城南 30 多千米有个地方，名叫大窑。那里群山环抱，层峦叠翠。村外不远有座山，出产一种细腻纯净，可烧制瓷器的好土。村子里居住着著名的瓷工章有福。这人忠厚耿直，克勤克俭，祖宗三代靠烧制瓷器为生。他有两个儿子：长子叫生一，次子叫生二。兄弟俩从小就爱跟着父亲捏泥弄土，学到了一手好技艺。生一为人忠厚老实，沉默寡言，勤劳肯干。生二聪明肯学，手巧心灵，可有时会耍小聪明。兄弟俩和睦相处，兄友弟恭。后来，有福病了。临终前，他就把两个儿子叫到床前嘱咐道："儿呀，看来我的病是难好了。树大分枝，儿大分家。我死后，你们就各自分居，设窑开业，兄弟两家更要和睦相处，携手同心。只可在技艺上比高低，不可在生意上耍手段。"

兄弟俩料理好父亲的后事，就分居设窑。哥哥生一在大窑村设窑，弟弟生二离大窑村二里外设窑。当时，他俩烧制的瓷器，闻名浙南、闽北一带。开始时，兄弟俩都是照父亲传授的方法烧制白瓷。后来，哥哥逐渐觉得这瓷器还不够精致美观，就花心血改进以前的操作方法，在瓷器上雕刻一些花鸟之类的图案花纹，还在釉色上下功夫，让蓝天白云、青山绿水、奇花异草为瓷面增辉添色。经过细心琢磨、多次试验，他终于做出了青绿色的釉彩来。可弟弟仍旧照父亲那套老办法制作瓷器。这样一来，两人的瓷器一同上市，总是哥哥的先卖完，弟弟的顾客少。因此，弟弟产生了嫉妒心。

一天黄昏，哥哥烧完了最后一捆柴禾，闭上窑，就回家吃晚饭去了。弟弟见夜色朦胧，便偷偷地走到哥哥窑上，用通节的毛竹筒将水

章氏兄弟雕塑（朱志敏 摄）

引进炭火熊熊的窑里去。回家路上，弟弟那颗忐忑不安的心越跳越快，就像被人偷窥似的。

过了几天，哥哥打开窑门，忽见瓷器表面布满龟背似的裂纹，顿时惊慌失色。他想：这究竟是怎么一回事？我烧窑多年，可从来没发生过这样的事故啊！是窑漏气吗？可一看，窑的四周封得严严实实的。哥哥心里很不安，出窑时，忽见最上一层瓷碗里还留着水，这才醒悟过来。人说"同行三分怨气"，看来这应该是弟弟所为。可他想到父亲临终的嘱咐，压下火气，不与弟弟计较。他出完了这一窑瓷器，随手捡了一只大口瓷瓶，没精打采地回到了家里，一屁股坐在凳子上，凝神地望着手中满身裂纹的瓶子沉思：补吧，没法补；丢掉吧，太可惜，几个月的心血白花了。思来想去，想不出一个好办法。恰在这时，家里的大花猫跳在桌子上，打翻了一砚台墨水，洒出的墨水正好嵌进了瓷瓶上的裂缝里，并显现亮晶晶的光芒。生一忽然眼睛一亮，便用毛笔蘸着釉水和墨水，一笔一画小心地涂满所有的瓷器，又重新搬入窑中复烧。他生怕又出意外，便在窑边盖了一个茅棚，日夜守着，寸步不离。

出窑那天，出乎意料，只见复烧过的瓷器胎薄釉厚，釉面上黑褐色的条纹如蛛网或八卦状，远看如片片鱼鳞，近看似翠玉层叠，比没有裂纹的瓷器更加新奇。真是因祸得福，生一又意外地获得一个新技艺。他高兴得跳起来，一鼓作气把全部瓷器搬出窑外，运到市场上出卖。街上过路客商见这窑瓷器花样翻新，如鳞似玉，光彩夺目，别具一格，就蜂拥而上，争相购买，一会儿这些瓷器就售完了。

那天，生二知道哥哥这窑瓷器上市，就装着上街买东西，暗地看着哥哥的销路怎样。意料之外，哥哥的瓷器供不应求，还赚了一大笔钱。生二心里郁闷又奇怪，听见人群里有人说："这杯子上的纹路裂而不漏，十分好看！"生二一听，皱眉一想：这纹路还不是我放水造成的吗？于是，他就走出人群，飞也似的向自己的窑跑去，急匆匆把水灌到自己刚封闭的窑里去。他也想赚一笔大钱哩！果然，等开窑时，他的瓷器也满是裂纹，生二忙着出窑，把瓷器整理好挑到街上去卖。可人们看到这满是裂纹却没有光彩的蹩脚货，都摇摇头走开了。生二无可奈何，只好把瓷器挑回家，垂头丧气呆呆地坐着。他妻子看到瓷器原封不动挑回，便冷言冷语埋怨起来。生二十分后悔，便躲在房里，茶不饮，饭不吃，闷闷不乐，当天就病倒了。

生一听到弟弟病倒了，连忙停下手上的活，带了鸡蛋、猪肉来看望弟弟。他跨进生二家门口，只听弟弟在床上呻吟，连忙走到床前，握住弟弟的手，告诉弟弟不要伤心，自己上一窑瓷器也是如此，然后在裂纹中涂墨再复烧，反而烧出了一窑好青瓷，并且帮助弟弟照此办法再复烧，以挽回损失。人非铁石，生二被哥哥真挚的情意感动了。他见哥哥非但没有责怪自己的过错，还真诚地帮助自己，边呜咽着边说："哥哥，我……我错了，做了对不起你的事。"哥哥听了，安慰他说：

"别那么说了，珍重身体要紧。兄弟本是同根生，情同于手足，我们都要记住爹的话，携手同心，把瓷器烧得更出色！"

从此，哥哥就潜心做起那如鳞似玉的裂纹青瓷，让弟弟继续做原来的青瓷产品，并毫不吝惜地将自己的手艺全盘传授给弟弟。弟弟诚心接受了哥哥教导，决心刻苦钻研，在青瓷釉色上下功夫。不久，生二也烧出了青翠耀目、图纹清晰的好产品来。

哥窑和弟窑的产品逐渐显示出各自不同的特色。哥窑的产品胎薄坚实，釉色显现裂纹，以青色为主，有翠青、浅青、粉青，浓淡不一，以粉青最为珍贵，为我国五大名窑之一。弟窑产品胎骨厚实，釉色葱翠，釉面无裂纹，光泽如玉，称龙泉窑。

哥弟窑的故事，一直流传到今天。

一、考古未解之谜

由于原来被认为出自哥窑的龙泉黑胎开片瓷被认为是"龙泉仿官"和"龙泉官窑"，所以这样看起来宋代似乎就不存在哥窑，文献关于哥窑的记述被认为是以讹传讹。然而，仔细研究和分析，就会发觉事情并非如此简单，其关键在于"龙泉官窑"和杭州郊坛下官窑孰先孰后并未真正确定。由于"龙泉官窑"的立论建立在"龙泉仿官"的基础上，研究人员认为仿官是不可能的，可"龙泉哥窑"的瓷器却又与官窑相一致，自然是官窑，并认为杭州郊坛下不能满足朝廷之需，再在龙泉烧造以充不足。这一观点很自然地派生出杭州郊坛下官窑早于

"龙泉官窑"的结论。①

　　然而，没有足够的考古资料证明这一观点，并由此还引发出种种疑团：郊坛下不能满足朝廷之需，为什么不就地扩充、就近扩充，而要到千里之外的龙泉建窑烧造？宋室南渡带来了北方工匠，他们惯于圆窑用煤烧造，何以能在杭州建立龙窑用柴烧造？文献关于哥窑的论述难道一定都是空穴来风吗？哥不能仿官，但官却可以仿哥，各朝各代的官窑都建立在民窑的基础上，难道就不存在官仿哥的可能吗？宋室南渡，皇帝漂泊多年，这期间南渡窑工在何处生存？如何生存？是吃皇粮还是自谋出路？这些疑问最终都聚焦在龙泉最初的黑胎开片瓷的年代和性质上，也就是说龙泉最初的黑胎开片瓷会不会是皇帝颠沛流离的这些年中北方工匠和龙泉窑工技艺结合的产物？

二、哥窑文献记载

　　记载"哥窑"的古文献有不少，有元代的《静斋至正直记》，明代的《格古要论》《遵生八笺》《浙江通志》，清代的《博物要览》等等。但究竟哥窑窑址何在，出于哪个朝代，一直是陶瓷界众说纷纭、悬而未决的问题。

　　元代孔齐的《静斋至正直记》："乙未冬在杭州时，市哥哥洞窑器者一香鼎，质细虽新，其色莹润如旧造，识者犹疑之。会荆溪王德翁亦云：近日哥哥窑绝类古官窑，不可不细辨也。"一般认为，这里

----

① 　钟琦：《略谈哥窑》，《收藏界》2007 年第 5 期。

哥窑青瓷（朱志敏 摄）

的哥哥洞窑和哥哥窑即为哥窑，"绝类古官窑"也正与以后的文献描述的哥窑特征相符。明代《宣德鼎彝谱》说："马祖之神供奉狮首马蹄炉，仿宋哥窑款式，炉高五寸六分……"此文多处提到"仿宋哥窑款式"或"仿哥窑款式",因此哥窑被认为是宋代的名窑是顺理成章的。[①]

明代陆深《春风堂随笔》:"哥窑,浅白断纹,号百圾碎。宋时有章生一、生二兄弟,皆处州人,主龙泉之琉田窑。生二所陶青器,纯粹如美玉,为世所贵,即官窑之类。生一所陶者色淡,故名哥窑。"陆深,字子渊,松江人,弘治十八年(1505)进士,卒于嘉靖二十三年(1544)。文中明确了哥窑烧造于龙泉的琉田,琉田今名大窑,为龙泉窑的中心产区。明代高濂的《遵生八笺》又有别论:"官窑品格大率与哥窑相同……其二窑烧造种种,未易悉举,例此可见。所谓官者,烧于宋修内司中,为官家造也,窑在杭之凤凰山下……哥窑烧于私家,取土俱在此地。官窑质之隐纹如蟹爪,哥窑质之隐纹如鱼子,但汁料不如官料佳耳。"文中"取土俱在此地"已将哥窑产地定为杭州。这一前一后的两种说法,是明代文献中最典型的关于哥窑的"产地说"。[②]

明末和清代,论及哥窑的文献越来越多,但多为抄录诠释前人著作的产物,沿袭《春风堂随笔》和《遵生八笺》之说。然而对于哥窑器物特征的描述倒是越来越具体,越来越清晰。综合各类文献资料,哥窑的特征为:胎色黑褐,釉层冰裂,釉色多为粉青或灰青。由于胎色较黑及高温下器物口沿釉汁流泻而隐显胎色,故有"紫口铁足"之说;釉层开片有粗有细,较细者谓之"百圾碎"。根据文献提供的线索,人们在浙江龙泉的大窑和溪口找到了生产类似器物的窑址。其产品为黑胎开片,釉色以粉青和灰青为主,单色纹线,应为入土所致,用垫饼垫烧。上述特征及烧造年代均与文献所述完全相符。至此,宋代五大名窑的哥窑已成定论,其烧造年代为南宋中晚期,产地为浙江龙泉。

然而,不久后,人们发现了一类与哥窑特征相符的,而与龙泉产

---

① 钟琦:《略谈哥窑》,《收藏界》2007年第5期。

② 钟琦:《略谈哥窑》,《收藏界》2007年第5期。

的哥窑特征有别的器物。此类器物亦为黑胎开片，紫口铁足，但其釉色多为炒米黄，亦有灰青；纹线为黑黄相间，俗称"金丝铁线"；用支钉支烧，器形亦不同。由于此类器物仅故宫博物院、上海博物馆、台北故宫博物院等有少量收藏，而不见于墓葬出土，故被称为"传世哥窑"，而称龙泉所产为"龙泉哥窑"。20世纪90年代起，人们对传世哥窑进行深入研究，但由于传世哥窑的窑址无踪可觅，对其性质及年代一时难有定论。一种观点认为，传世哥窑应为文献所述南宋修内司官窑。其理由是，根据南宋顾文荐《负暄杂录》所述理解，修内司官窑产品质量优于郊坛下官窑，但修内司官窑到今无影无踪，更无从知晓其产品面目，而现有实物资料亦极少。①

什么是哥窑？哥窑是古物，应尊重古人表述。实际上从元到明清，古人对哥窑的表述，概括起来很简明扼要，就是：色青、胎黑且浓淡不一，更为显著的特征是薄胎厚釉；冰裂纹和百坼碎开片；质与官窑相同，符合龙泉窑出土的哥瓷实物特征。这才是真正的鉴定标准。

---

① 钟琦：《略谈哥窑》，《收藏界》2007年第5期。

清雅瓷魂
QINGYA CIHUN

官窑悬案

　　宋代官窑，存在两大谜团，这两大谜团是什么？又该如何破译？

　　北宋官窑之谜。当时的京师即汴京（今河南开封），因宋代汴京遗址已沉入地下，至今为止，尚未发掘出北宋官窑遗址。对于北宋官窑遗址缺乏考古发掘的证据和充足的文献资料的支撑，因此，关于北宋官窑遗址在何处，仍有不同说法，一般有三种：一说北宋官窑即为汝窑，这在清凉寺汝瓷窑址发掘后被正式否定；二说否认北宋官窑的存在，这与五大名窑的历史传记相悖；三说北宋官窑即为汴京官窑，它与南宋时的修内司官窑先后存在。当然，要以事实为依据，还得对北宋官窑遗址进行考古发掘，才能真正解开北宋官窑之谜。

　　南宋官窑之谜。对后世的人来说，不仅南宋官窑瓷器难以寻觅，就连南宋官窑窑场的遗址也被淹没在历史中。在很长时间内，人们只能从文献中的只言片语来了解它的相关信息，并由此形成了一个又一个的传说，这种局面直到20世纪，在现代考古学应用后产生改变。目前，杭州已发现的南宋官窑遗址有两座，即南宋郊坛下官窑和老虎洞遗址。但对修内司官窑窑址的争议也一直存在。一说老虎洞窑址就是修内司官窑，这让众多专家认为官窑窑址这一千古悬案已被破译。二说南宋官窑在龙泉，这给后人留下研究和寻访龙泉官窑的思路和线索。

一、南宋老虎洞官窑之谜

2006 年 11 月 9 日，在中国古陶瓷学会 2006 年年会暨青瓷学术研讨会上，杭州市文物考古所展示的杭州老虎洞（南宋）窑址出土文物惊动四座，特别是一个名为"荡箍"的制陶部件吸引了国内外 100 多位专家学者的目光。据记载，南宋定都临安以后，建造了修内司官窑和郊坛下官窑。20 世纪 20 年代，人们在杭州乌龟山发现了郊坛下官窑遗址，但修内司官窑在哪里一直是个未解之谜。1996 年，杭州老虎洞窑址的发现终于使修内司官窑的谜底浮出水面。然而，其时并没有找到真正有说服力的物证，学术界始终对杭州老虎洞（南宋）窑址的"修内司官窑身份"存在争论。从 2001 年起，杭州历史博物馆对老虎洞出土文物进行了长达 5 年的整理，结果令人欣喜。从整理出的 4000 多件

南宋官窑瓷器（一心 摄）

出土文物中，人们看到了真实的南宋官窑瓷器。其中一件在制作陶器过程中所使用的"荡箍"尤令专家感到兴奋，上面清晰地铭刻着"修内司窑置庚子年"的字样。由此可以断定，杭州老虎洞（南宋）窑址就是以前的南宋修内司官窑。著名古陶瓷专家耿宝昌连连称"荡箍"为"国宝"。他说，修内司官窑的问题终于解决了，学术界持续了数十年的争论也可以平息了。

二、南宋龙泉官窑之谜

从北宋大观、政和年间在汴京附近设置官窑后，官窑与民窑在性质上的区别就明确了。在五代十国，越窑就被吴越钱氏朝廷垄断，越窑的"贡窑"可以说是官窑的前身。而龙泉窑从五代吴越国时开始就承担着"贡瓷"的烧制任务。宋人庄绰在《鸡肋编》中记述："处州龙泉县……又出青瓷，谓之'秘色'，钱氏所贡，盖取于此。宣和中，禁庭制样须索，益加工巧。"这说明龙泉窑在当时担负"贡瓷"的烧造任务，同时也体现出它有较高的青瓷烧造技术。龙泉窑虽然兴起较晚，但是后来者居上，从北宋开始，逐步取代越窑成为江南第一名窑。宋叶寘《坦斋笔衡》中记载："本朝以定州白磁器有芒，不堪用，遂命汝州造青器，故河北、唐、邓、耀州悉有之，汝窑为魁。江南则处州龙泉县窑，质颇粗厚。宣政间京师自置窑烧造，名曰官窑。"在"京师自置窑烧造"的情况下，还为"禁庭制样须索"提供"秘色瓷"，可见龙泉窑在北宋仍为朝廷烧制"贡瓷"，只是"质颇粗厚"，与汝窑等北方名窑的风格是不同的。

资料表明，在南宋宫殿遗址区发掘中，也曾发现不少南宋晚期的龙泉青瓷，证明南宋晚期皇宫内也大量使用粉青厚釉的龙泉青瓷。"大窑"和"溪口瓦窑垟"分别是龙泉白胎青瓷和黑胎青瓷的杰出代表。就数量而言白胎厚釉青瓷占 90%，黑胎厚釉青瓷只占少数部分。龙泉窑的黑胎青瓷，在其内部发展脉络中并不能找到相应的轨迹，可说是风格骤变，推测其原因很可能是受到外界制瓷技术、风格的冲击，最有可能的就是朝廷的干预。如朱伯谦先生就在《龙泉窑青瓷》中指出："在封建社会，为了维护帝王的尊严，官窑生产的御用瓷器是不许仿制的，更不能把全部制瓷工艺无保留地传播给民窑。但是在封建社会常常是上有好者，下必风然从之。那些云集在浙江的官僚贵族梦寐以求地想用与皇宫相同的瓷器，所以先后在杭州凤凰山东坡老虎洞和龙泉大窑、溪口瓦窑垟设立官窑，生产与郊坛下南宋官窑类同的瓷器，供他们使用。与此同时，大窑的官窑根据南宋官窑的制瓷工艺，在胎釉配方中作调整，创造性地生产了白胎厚釉青瓷。这类青瓷釉色青翠，犹如翡翠美玉，同时釉层光滑整洁不开片，更加实用，深得宫廷和官僚的喜爱，在临安京城、皇宫遗址和绍兴市攒宫宋六陵墓地都有大量出土。说明宫廷在南宋后期除使用官窑瓷器外，还使用白胎厚釉青瓷，所以南宋后期在大窑和溪口瓦窑垟设官窑的可能性是很大的。"

沈岳明先生说：南宋时，龙泉也确实生产了一类与官窑产品非常相似的产品，即黑胎厚釉青瓷。黑胎厚釉青瓷的产品数量比较少，只在龙泉大窑、溪口的少数窑址中发现，以溪口瓦窑垟窑最为典型。20世纪 60 年代，经过考古发掘认为其即为历史上的哥窑。瓦窑垟窑的黑胎青瓷的生产与越窑上林湖低岭头类型瓷器一样，与当地传统瓷业生产格格不入，在它们本身的历史发展进程中，找不到发生和成长过程

南宋官窑遗址（一心 摄）

的迹象，而是特定历史时期发生的特例。[①]

　　对龙泉哥窑和杭州南宋郊坛下官窑深入研究后发现，两者无论窑炉结构、制瓷工艺、烧造方法还是产品的胎釉器形等方面，均基本一致。从外观上看，龙泉黑胎青瓷的特征与郊坛下官窑产品非常相似，即所谓"官、哥不分"。但龙泉黑胎青瓷的釉比郊坛下官窑更透明，其烧成温度似乎更高一些。而两者在釉的化学组成上却非常相近，郊坛下官窑瓷釉与龙泉黑胎青瓷釉的化学组成，大多数处在一个区域。这就表明，两者在釉的处理上，或者说在釉烧成的目标上是一致的，如果没有特殊的关系，是很难达到统一的。[②]

　　2004 年，处州青瓷博物馆从杭州、上海等各大古玩市场征集到同一窑口的大量瓷片实物，经过对比研究，研究人员认为在龙泉窑的历史中，确曾设立过官窑，即大明处州龙泉官窑，而处州青瓷博物馆征集

---

①　沈岳明：《"官窑"三题》，《故宫博物院院刊》2010 年第 5 期。
②　沈岳明：《"官窑"三题》，《故宫博物院院刊》2010 年第 5 期。

到的这批瓷片，就是明朝处州龙泉官窑器残片。景德镇官窑器不仅为我们认识明朝处州龙泉官窑器提供了很好的参照物，也有助于我们对相关文献记载进行解读。据考，《明会典》《明实录》等历史文献和宫廷档案中都有关于处州龙泉官窑的记载，如《明会典》卷一百五十七陶器条所述："凡烧造供用器皿等物，须要定夺样制，计算人工物料。如果数多，起取人匠赴京、置窑兴工，设或数少，行移饶、处等府烧造。"此处将江西饶州府景德镇和浙江处州府龙泉并提，两处俱为朝廷烧造供器。只是大明王朝立国之初，百废待兴，很多机构制度尚在初创阶段，有关官窑运作的规章制度可能也没健全，未能制度化运转，这时"官窑"的烧造数量也不定，有命则烧，无命则止，有一定的随机性。如果供用器皿等物比较多的话，就要召集窑工在京城置窑口烧造。更有力的明证还是《明宪宗纯皇帝实录》的记载：天顺八年（1457）正月，宪宗皇帝即位，"上即帝位……以明年为成化元年，大赦天下……江西饶州府，浙江处州府，见差内官在彼烧造磁器，诏书到日，除已烧完者，照数起解，未完者，悉皆停止，差委官员即便回京，违者罪之"。[①]

上海博物馆陆明华先生在《宋代龙泉窑有关问题探讨》一文中对"贡窑"与"官窑"作了界定："凡专为烧造进贡朝廷的瓷器而建立的窑似都可称为贡窑，唯有皇家自行建造、派遣朝廷官员（不以地方官为主管的）管理并烧造瓷器的窑才能称为官窑。"《明宪宗纯皇帝实录》中的相关记载明确指出，朝廷派内官任督窑官"在彼烧造磁器"，而且将"江西饶州府、浙江处州府"相提并论，表明两者应处于同等地位，龙泉窑应有皇家自行建造的窑场，此处处州府存在官窑无疑。

目前所发现的相关文献记载还非常有限，并且关于"处州"的条目要少于"饶州"。但以上两条都是出于正史记载，处州龙泉官窑的存在是符合史实的。景德镇在元明清三朝一直设立官窑，传承得比较完整，而明朝处州龙泉官窑存在的时间则相对较短，加上很多史籍成书都要晚于当代，所以虽然两者都是明代官窑，但龙泉窑的记载较少。

根据《大明会典》卷一百九十四。陶器条洪武二十六年（1393）的规定推测，龙泉官窑至迟在洪武二十六年已开始烧造，而且很可能是早于洪武二十六年，如上述分析洪武三年"祭器用瓷"的规定，应是建立在烧造官窑瓷器基础上的。而洪武九年规定，"四郊各陵瓷器，圜丘青色"说明青瓷已进入皇家祭祀用器的范围。

南宋官窑遗址（一心 摄）

再说，明朝时期浙江的大部分窑口已处于停烧状态，规模减少，那么此时还在继续生辉的是大窑龙泉窑，说明再次辉煌的大窑就应是龙泉官窑。然而明朝龙泉官窑窑址又到底在哪里呢？这是一个历史的悬案。2005 年 11 月，处州青瓷博物馆馆长叶英挺组织全国陶瓷专家 200 多人在丽水召开了"发现处州龙泉官窑"的学术论证会，并到龙泉大窑实地考察，结合 2004 年在杭州购回的龙泉窑青瓷残片，历史真相终于揭开。该官窑窑址位于大窑

南宋官窑博物馆（一心 摄）

片中的岙底一带靠近垟岙头的地方，该处距离大窑村口的大碗厂约 1.5
千米，当地人称"枫洞岩"，也称"高坞"。岙底是大窑窑址分布最
多最密集的窑群遗址，四周群山叠起，溪流交错，是大窑溪通往龙泉
溪（瓯江）最为方便的水道，堪称当今龙泉的水上"高速公路"。①

据考，明代中晚期龙泉官窑为什么会停烧呢？这又是一个谜！分
析其原因主要有三。

其一，与统治者的喜好有关。景德镇官窑器的五彩斑斓，争奇斗
艳似乎令龙泉窑青瓷黯然失色。这一点从景德镇洪武、永乐官窑器到
宣德、成化官窑器的微妙变化都可看出，尤其是从宣德朝开始，瓷器
品种与纹饰有了很大丰富，瓷器规格大小也发生一定的变化。成化年
间，彩瓷更是大盛，所谓"成窑以五彩为最"，并烧制成功"斗彩"，
景德镇青花瓷的烧制技术在成化时期得到了很大的提高，世人论明代

---

① 叶英挺、华雨农：《大明龙泉官窑发现记》，《收藏界》2006 年第 1 期。

景德镇各朝官窑瓷器的成就往往推成窑为首。

其二，景德镇官窑烧制仿龙泉釉瓷器达到了一定水平。文献里就有景德镇仿烧龙泉釉釉料配方的记录，如清《南窑笔记》有"今南昌仿龙泉深得其法，用麻油釉入紫金釉，用乐平绿石少许，肥润翠艳亚于古窑"等语。此外，许之衡《饮流斋说瓷》中也提到景德镇仿烧过龙泉釉瓷器。可以说明景德镇窑吸收了龙泉窑釉瓷之精华，补其自身青花瓷釉之短板，已具备龙泉官窑之特色。

其三，与龙泉大窑一带的优质瓷土资源的减少有关。要制作高质量的瓷器，先决条件是要有优质瓷土，而瓷土是不可再生资源。龙泉窑从三国两晋创烧自明代历经了1000多年，尤其在南宋到元朝的鼎盛时期内，窑场规模庞大、产量高的同时也消耗了大量的瓷土。如瓷器质量最优的龙泉大窑，现今的大窑龙泉窑遗址的窑群密集程度令人叹为观止。瓷土资源的大量消耗对于瓷业的可持续发展是一个严重的威胁，另外还有产品质量下降等客观因素的存在，龙泉窑从明中期后开始走向衰落。

清雅瓷魂
QINGYA CIHUN

赏型品釉

　　龙泉青瓷以瓷质温润细腻、线条明快流畅、造型端庄浑朴、釉色纯洁雅致著称，其烧造技艺已经入选《人类非物质文化遗产代表作名录》。龙泉青瓷器形美在线条，它吸收了中国绘画的精髓，有对称的美感，表现手法简洁，只用釉色说话而少有纹饰，是美之精华，是去芜存菁的经典。

　　古代龙泉青瓷的造型手段，主要是拉坯、模制和捏塑。拉坯，即在辘轳的转动中，用手的力量和技巧将泥巴拉成不同形状的坯件，大件器物则分节分段拉坯后再镶接成器，所谓"钧运成器"。用模子制坯之法，即称"模范成型"，一些方形或多角形的异形器物则用模压成数块，再黏合修整而成。捏塑，是指完全依靠手工捏制、塑造立体器物形体的装饰方法，是对人物、动物或其局部模拟雕刻，或单独成坯，或粘接安装在其他器物身上。这几种方法，不唯龙泉窑独有，而几乎是中国所有陶瓷的成型方法。除了上述成型技艺外，在实际操作中，还有修坯、挖足等具体工艺手段。①

　　五代以前的龙泉青瓷不够成熟，大多胎质疏松，釉色单调。五代至北宋年间，其质量有了飞跃发展，承担了宫廷"秘色瓷"的生产，其造型也大为丰富，从用途上分类，大致有生活器皿、祭祀用品、文具、雕塑等。

　　南宋初年，北方大批窑工"随驾南迁"，纷纷涌入浙江，这批人

---

① 夏侯文、夏侯辉：《龙泉青瓷的历史与装饰特征 | 成型技艺》，http://www.zhongguociwang.com/show.aspx?id=15274&cid=230,2018 年 9 月 4 日。

古窑青瓷瓷形（一心 摄）

中有相当一部分人落户到了龙泉，重操旧业。他们把北方的制瓷技术融合到龙泉青瓷的制作上，加上南宋官窑对龙泉窑的影响，使龙泉窑的生产技艺大进，质量不断提高，其器形丰富，釉色精美，是青瓷发展史上的一个里程碑。[①]

　　南宋龙泉青瓷的造型来源，总体可以概括为三种情况：一种是从传统造型中继承下来，加以推陈出新，如葵瓣口的碗、盘、洗，形式更轻巧，制作更细腻；一种是仿古铜、古玉的形制，受官窑影响，与官窑产品有很多相同的特征，如觚式瓶、觯式瓶、鼎炉、奁形炉等，

---

① 王尧：《浅析龙泉窑青瓷在两宋时期的工艺特征》，《浙江工艺美术》2021年第1期。

都是高级陈设用瓷，以满足宫廷的需要；① 还有一种，龙泉窑创造了不少新的造型，表现了龙泉青瓷独特的艺术风格，如优美的凤耳瓶、端巧的石榴瓶、著名的龙虎瓶、形式新奇的大吉瓶、富于变化的贴花双鱼洗、轻盈精致的荷叶碗、设计巧妙的桃式洗、浑厚庄重的内折口莲瓣钵、小巧玲珑的各式鸟食罐，实用美观的莲瓣盖罐以及雄鸡香熏、三足花囊等等。这些丰富多彩的青瓷器，标志着南宋龙泉窑在造型方面，已达极高的艺术水平。②

南宋后期，龙泉窑青瓷的烧造追求玉石质感，因此改变了制瓷工艺，用素烧胎多次上釉。二次烧成的厚釉工艺创制出的薄胎厚釉青瓷，釉质如玉石般光亮莹润，龙泉哥窑釉面上显露着横竖交织的蟹爪纹片或层层叠错的冰裂纹片，有说不尽的奥妙。

南宋时期，文化成就璀璨夺目，被誉为"东方文艺复兴"时期，龙泉青瓷代表着宋代美学，宋代美学因宋代理学而发光，它集先秦及汉唐哲学思想于一身，深植于国人血脉，宋瓷气韵如此高雅也就不足为奇。中国传统文化讲究"天人合一"，宋代理学集其大成，将宇宙与人类之关系阐述得淋漓尽致。

一片宋瓷，一部中国文化史，蕴藏着深远的先人智慧。宋五大名窑古朴典雅、素静简洁、含蓄高贵，同时又千姿百态、各竞风流，为我们中华民族在世界艺术发展史上矗立起了一座让世人敬仰的丰碑。一块瓷片有一块瓷片的美，这种采撷自大自然的颜色令人心旷神怡，看着它便如同与宋徽宗对话，这种如见古人的感觉至今依然令人心醉。龙泉青瓷历尽沧桑，以累累硕果步入新的世纪。根植于民族传统的当代龙泉青瓷艺术，在古老的传统文化与现代思想意识的融合交织中，

---

① 杨文剑：《宋汝窑，官窑与龙泉窑器型比较》，《中国陶瓷》2010 年第 6 期。
② 王兰芳：《如冰似玉，冠盖中华—龙泉窑名品赏》，《收藏界》2009 年第 5 期。

以精湛绝妙的工艺，釉色厚如凝脂、青似美玉的美感而名震寰宇，极大地丰富了民族文化和世界艺术的宝库，推动着人类文明的进程。[①]

宋代在中国陶瓷史上是一个名窑峰起、名瓷迭出、承上启下的关键历史时期。宋代龙泉青瓷采用多次施釉的方法，烧造出青翠欲滴的粉青和梅子青釉，这是匠师的努力实践和研究创造所得。

宋瓷早已超出了艺术品的范畴，它带给人的是一种灵魂上的震撼。"艺精品高"是对宋瓷的简单概括。宋瓷线条是艺术家创造形象和表达思想感情的艺术语，是艺术表达的重要元素。青瓷色即自然色，自然色即最简朴之色。龙泉青瓷釉色润泽清幽，脱尽脂粉，洗尽铅华，儒雅内敛，极为低调，也唯低调而至善至美。深沉、优雅、含蓄是青瓷美学追求的意境，这在今天看来仍是不可企及的高度。单用一个色彩作为表现手段，青瓷在古往今来的各色瓷器中无疑是魁首。宋代瓷器代表了中国单色釉瓷器烧造的高峰，宋代瓷器的单色釉，深沉朴雅，精气内敛，今天依然难以仿制，因为今人很难准确把握其时的文化。龙泉青瓷丝光的釉面，含润的釉层，流转的翠色，似在诉说着千年不变的美景。

宋人向青天借了颜色，每一件青瓷背后仿佛都有一个故事，蕴藏着一个灵魂。今龙泉青瓷之釉色，以宋为师，出于蓝，凝于青。没有炫彩，只有宁静，极简却极美，正所谓大简至美。一件精品龙泉青瓷所呈现的青釉之美，其实也经历了极其复杂艰辛的过程。看似简单的背后其实有无数心血，极简是极繁凝聚的精髓。自然无为是美，润泽蕴朴是美，法天贵真是美。青瓷器的纯然釉色和传统的天人合一思想是一致的，这不是巧合，而是自然而然。

釉色即使是在自然光下，也随天色而变化。早上天朗气清，它也

---

① 李跃亮：《龙泉青瓷的釉色与文化内涵》，《装饰》2006 年第 7 期。

清朗；中午天空发灰，它也发灰。这是一种流动的色泽，在绿与蓝之间摇摆、游荡，神奇无比！简单是复杂的极致。因此，简单是高级形式的复杂，越是高级越是简单。宋代极简美学表现在青瓷之中，即青瓷之青看似只是单一颜色，实为无数细微变化的青之融合，是丰满饱和的幻化之青。一即一切，一切入一，一青容万青，万青融一青，审美意识的改变使单色釉瓷取代了多色的彩瓷。放一件单色龙泉青瓷于众多彩瓷中，会发现彩瓷竟然失去了光彩。美在于最简单处，在于纯净朴素处，这些地方是心灵的升华处。大自然成就了龙泉青瓷的釉色。不同的矿物质，不同的金属元素含量，形成了形形色色的青瓷色。龙泉宝地深受上天眷顾，以特有的自然矿产烧出了独特的青瓷。身为龙泉人应心怀感激，感谢上天的赐予。真正的龙泉窑精品，釉层滋润，介于丝绸光泽与羊脂般的美玉质感之间。那莹润的釉色历经岁月的洗礼，褪去了刚出窑时的火气，更加温润。那简洁的纹饰依旧鲜活，充满灵性。

龙泉青瓷之釉，尽揽自然界的苍翠与润泽，以其千峰翠色的明丽和如冰似玉的晶莹著称于世，把中国青瓷艺术推向极致，是青瓷世界中一朵最绚丽的奇葩。龙泉青瓷令人如痴如迷，皆因其釉，它融和着山水之色，是大自然的灵魂之色。龙泉人将青山、绿水、蓝天和草地般苍翠的青色一遍又一遍地融进釉层，然后烧成了厚釉，凝聚了自然界的生命之色。岁月的湍流每每将古昔的事物冲得无影无踪。然而在不朽的青瓷上，时间却永恒地凝固了，它那千态万状的造型向今人展示着那久远而富有传奇色彩的时代。釉水艺术，是中国瓷器自然性、哲学性、文化性等的综合体现，是中国瓷器最具特色的文化元素，也是中国瓷器最高境界的赏玩艺术。

龙泉青瓷釉色以青色温润如玉者为佳，然因为火候、氧化条件之不同，釉色有时呈现灰青、米黄等状态，这更使得龙泉青瓷呈现出丰富多彩的面貌。盛唐艺术的代表是唐三彩，颜色多样；到了宋代，宋徽宗把花纹、彩色都去掉，只留下一个雨过天晴的纯色。以最繁复的工序呈现出最简的美，这就是自然。龙泉青瓷之烧制，则以最繁而至最简，恰似天地之巧。

龙泉青瓷的釉色既有儒雅之风，又循祖制之道，也是天造之色，有含蓄、沉静、自然、质朴、平淡之美，是内敛的最高境界。龙泉青瓷的釉色，冷暖适中，不温不火，内敛，不张扬，在视觉上使人感到非常舒服，体现了传统文人的审美。其色泽像翡翠，追求天然完美。虽简简单单，却给人留下更多的想象空间，正如古诗描绘的"清水出芙蓉，天然去雕饰"。

黑胎厚釉瓷器与官窑器相似，胎薄，质细，坚硬，灰黑如铁。施釉厚，釉层透明发亮，有开片，称"紫口铁足"。釉面光洁莹润，釉水于纹饰起伏处流淌积聚，色泽淡雅含蓄、莹润如玉，极见匀净脂润之致，古意盎然，端凝典雅，肃穆中透出宋人对雅器之无限钦慕和艺术追求，

粉青瓷形（一心 摄）

实为翘楚之作，殊为难得。

　　瓷釉开片都是随机的、自然的，人很难控制，所以叫"自然天成"。哥釉的珍贵，让宋代人容忍了它开片的瑕疵，后世则接受了它的一切，即便是瑕疵，也被视为美而给予认可。青釉在细密的胎体上流动，似风之飘逸，如丝之柔软，釉薄处隐约泛白，积釉处青意甚深，有水墨般淡远的朦胧。

　　人类对青蓝色有着深远莫测的心灵感受，以粉青、梅子青为代表的青蓝色体现了人类对大自然的赞美与敬畏。绚烂归于平静，平静是心灵的归宿，是精神的升华，唯有在平静中才能发觉更多的灵性。青色是静，是有素养者深喜之色，宋代青瓷受文人雅士推崇，绝非偶然。

　　粉青釉色系瓷器，青绿之中显现粉白之釉色，有如青玉，亦似晨曦透薄雾，清亮洁净。粉青釉为南宋龙泉窑所创烧，为龙泉青瓷主要釉色之一。梅子青从青涩到成熟有一个过程，色泽在不断变化，从蓝绿到黄绿都称为梅子青，正所谓："雨轻风色暴，梅子青时节。"梅子青，是欲言又止、欲语还羞之蓝，如落日之蓝天，如远山之晚翠，如湛碧平湖之水，如浅草之初春。粉青、梅子青只是大致划分，单青釉就可

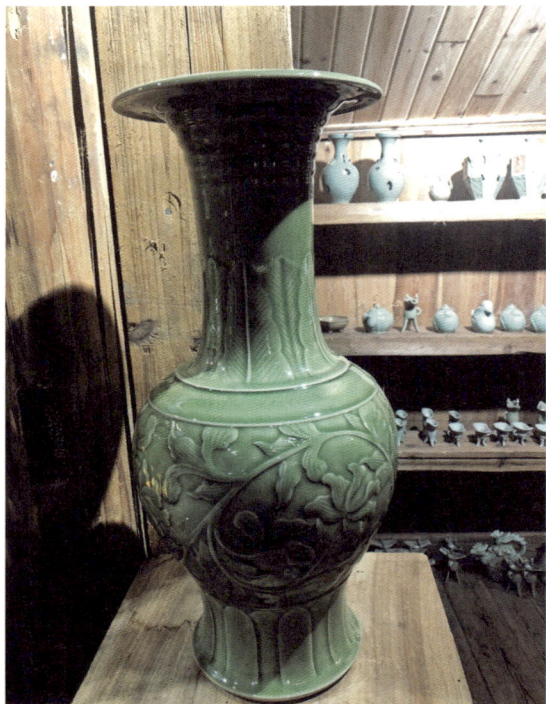

梅子青瓷型（一心 摄）

以分出十几种色调，细微的差异常常通过精湛的技艺体现出来，尤其是釉色纯正的粉青和梅子青釉，把中国传统文化中对自然生命的赞美和"夺得千峰翠色来"的气势完美地演绎出来。

青瓷内涵深厚，釉色中透着深沉，釉光中透着简约，釉质中透着神秘，像深藏在幔帐中的揭开神秘面纱一角的美女，她正含情脉脉地望着世人，展示出无言的韵味和妙不可言的大美。

纵观青瓷几千年的发展史，可以清楚地看到，历代窑匠在釉色上痴痴追求，才使青瓷的釉色接近山水之色和自然界其他宜人的青绿色。因为人们懂得，真正永恒的、令人心旷神怡的美，是大自然之色。釉是龙泉青瓷之魂，也是天造之色，它饱含着窑匠们对大自然的感悟，体现了"天人合一"。

宋代早期越窑青瓷常见的器形是越窑六瓣棱形壶，其周身分六等分，通体刻划双复线莲花瓣。五管瓶，最早见于越窑，此后浙江龙泉窑，江西景德镇窑，河北、河南的磁州窑系诸窑都烧制五管瓶。北宋早期越窑盛行刻划莲瓣纹，此类装饰在浙江宁波、鄞县等窑均采用。有些器物上刻有北宋纪年铭文，证明它是北宋比较流行的纹饰。宋代越窑青瓷的其他主要器形有执壶、盖盒、瓷罂、莲花式碗、三联瓜形盒、八棱瓶、镂空香熏、刻花敛口罐、刻花盏托、盖碗等。宋代越窑的装饰承袭了唐代晚期和五代的风格，刻花、印花装饰比较多。如划花粉盒，线条简练，寥寥数笔，就勾勒出瓷器的灵魂。[①]

早期龙泉青瓷，也称"古龙泉瓷"。代表器物主要有龙泉窑五管瓶，五管下贴一圈水波纹，腹部刻覆莲纹，其盖饰荷花，盖钮也呈花蕾形，荷叶下塑有四只戏水的小鸭。产品以民间生活日用青瓷为主。北宋早期，龙泉青瓷产品胎薄而较白，施淡青釉，釉质薄匀晶莹。器物以盘、碗、

---

① 程晓中：《千峰翠色话越窑》，《收藏家》2001 年第 6 期。

壶为主。北宋中期以后，胎呈灰或浅灰色，釉色青黄；装饰普遍使用刻花，辅以篦点或篦划纹，表现波浪、蕉叶、团花、缠枝花、流云、婴戏等纹样。盘、碗内常刻团花和波浪纹，内填篦纹，外壁常划篦纹和直条纹。造型端庄，制作工整，器底旋削平滑。北京故宫博物院收藏有龙泉窑青釉刻花牡丹纹瓶，在匀称的瓶体上，刻划枝茎缠绕的牡丹花，以篦划的细密线表现花筋叶脉，肩、颈部以覆莲瓣纹作衬饰，整器上花纹满布，层次分明，主题纹饰突出，是北宋龙泉青瓷的代表作。①

南宋的龙泉青瓷，釉色多淡雅，釉质晶亮透明；纹饰多为刻花，篦纹渐少。青瓷器类新增多种式样的炉、盆、渣斗等，器物底部厚重，圈足宽阔浅矮，造型淳朴稳重。南宋晚期的龙泉青瓷，胎色白，釉色青翠的梅子青釉或粉润如玉的粉青釉达到了青瓷釉色之美的顶峰。

---

① 李德胜：《从传统龙泉窑装饰工艺看其当代发展之生机》，《新美术》2018 年第期。

清雅瓷魂 QINGYA CIHUN

纹饰韵雅

　　宋代以前的多数民间窑口，都试图通过在坯体作图形的方式在瓷器上刻画。除官、哥、汝、钧窑系统以外，南方的越州窑、龙泉窑、饶州窑，北方的定州窑、耀州窑、磁州窑都突破了用绘制造器的局限。在利器之下，原本平滑的胎体表面被刻划出各种线条图形，形成另一种风味。这些纹线在不同光源角度下，总能给人以丰富的层次感。常见的龙泉窑瓷器的纹饰有莲瓣、水草、野草、浮萍、荷花、水波、折扇、云气、蕉叶、牡丹、花叶、团花、芙蓉花纹、模印文字、龙凤纹、鱼纹、大雁等等，以莲瓣为题材的纹饰在龙泉青瓷中极为常见。

　　五代时期，龙泉青瓷的纹饰以刻花划花为主，注重花纹装饰，在各式刻花内填以篦状器戳划而成的点线和弧线纹，题材有团花、重瓣倾覆莲和缠枝花、浮雕花叶加阴线凹刻的叶脉。

　　北宋时期，纹饰趋向简练，风格由拘谨而变为奔放，动物类纹饰有鱼纹、鸳鸯、蝴蝶、雁、鹤、龙、凤等；植物类纹饰有全枝荷花、百合、菊花、水草、牡丹花、梅花、蕉叶纹等；其他纹饰有灵芝

青瓷纹饰

纹、水波纹、垂枝纹等。用"凤"作装饰，完成了附会世俗的标定型，该纹饰头呈鸡形，眼睛细长，即所谓凤眼，喙短粗呈现鹰嘴状，以"S"形运动线和圆弧线组成凤身；用"鱼"作装饰，是我国传统的工艺手段，"鱼"和"余"音同，"鱼"成了"富裕""年年有余"等吉祥的象征，是吉祥纹饰。

南宋龙泉青瓷的纹饰多样，有莲花、莲瓣、荷叶、蕉叶、如意等，动物有凤凰、飞雁、游鱼等。各种人物立体纹样也极具特色，具有用雕塑童子、佛像作为人物纹饰的传统，历代有模印关公头像、瓷俑头像，雕刻瓷俑头像、人物像、西域人头像。比如，宋元时期的杯盘上有印花人物纹、刻花荷合童子纹、人物故事纹、朱雀人物故事纹，还有雕塑人物头像、雕塑观音头像、雕塑瓷俑头像、雕塑荷合童子、雕塑露胎童子。

元代龙泉窑的装饰纹样在继承前代的基础上更为丰富，注重花纹装饰，可以归纳为三大类型：一是继承型，二是改进型，三是创新型。继承型的纹样，就是照用前代的各种纹饰，有仿宋的折扇、波涛、蕉叶、莲瓣、龙凤、鱼、牡丹等。改进型则是对前代的纹饰作了合理的改进，如对"满工"装饰的器物的构图布局作了改进，采用了一种分层装饰方式，层与层间隔较大，且基本上遵循一疏一密相间的原则，使器壁的纹饰显得层次分明，疏朗有致，这种或疏朗或丰满的分层装饰，让人联想到"元青花"的装饰特征。创新型的纹饰，是用新颖奇特的图案纹饰来美化青瓷，大约有自然题材纹样，如花卉瓜果、兽禽昆虫和山水等；有宗教题材纹样，如八仙、八吉祥和乐字纹等，具体有鼓钉、四如意、八吉祥、方格、古钱、龟、鹤、鹿等纹样，文字有"福""禄""寿""禧""长命富贵""金玉满堂""早攀仙桂"等。据有关著作介绍，在元代龙泉产品的瓶类中，尤以剔花、或贴花缠枝牡丹瓶最为著名，它们造型装饰特点明显，即以"三层工"形式出现，长颈多饰凸弦纹，亦有饰缠枝花纹，腹部主题纹饰均为缠枝牡丹，刻花、剔花、贴花均有，腹下部刻狭长有脊莲瓣。元代龙泉窑产品的铭文明显增多，字体有汉字和八思巴文，汉字有"金玉满堂""大元""大吉""国器""寿""福""成""正"等。大盘上有模印的八仙纹。

明代龙泉青瓷的纹样特征是纹饰繁密，构图写实，布局有序，密而不乱，其分层装饰的空隙较元代的小。明代器物多数有装饰，部分器物造型继承元代风格。贴花装饰到了明代已不多见，而其他技法亦略有差异。釉色装饰方面亦有所变化，装饰手法丰富多样，主要是模印、刻划花、印花，另外采用雕塑、镂空等技法烧造的器物也较多，同一件器物上几种不同装饰手法有时会同时使用。印花装饰是这一时期龙泉窑的主要装饰手段，主要装饰于碗、盘、碟、洗等器物的内底，题材有折枝牡丹纹、菊花纹、葵花纹、荷花纹、番莲花纹、鱼纹（单鱼、双鱼、三鱼、四鱼）、八卦纹、云纹、宝相纹、回纹、团凤纹、金刚杵纹、飞马波浪纹等。刻划花装饰多用于壶、炉、盖罐和大型碗盘，多数盘的内壁刻饰有较细的菊瓣纹，莲瓣纹多刻划于器下腹，凸脊处筋状莲瓣纹已消失，另外出现一种类似于佛教艺术常见式样的莲瓣纹，刻于大碗、大盘的下腹，内中还刻划如意、花卉纹饰。明代还有刻花人物故事，如《陶渊明归隐图》、印花佛教人物纹、印花人物八仙纹、印花人物动物故事纹等。①

清代的青瓷纹饰较之其他年代单调，应用最多的是简化过的牡丹花叶纹，其次是梅、竹、兰纹，构图总体较为粗糙，刀法稚嫩、僵硬。

---

① 胡小平：《明代龙泉青瓷产品类型和特征》，《收藏界》2009 年第 9 期。

一、龙泉窑中典型的纹饰简述

莲瓣纹：莲瓣纹的使用在六朝以后较为普遍，作为"佛门圣花"，被赋予高尚和美好的含义，并装饰在宗教题材的艺术品中。随着历史的推移和佛教文化的本土化，莲花题材渐失了宗教意味，被演化成各种图案、纹样，成为优美的纯装饰性内容。按所装饰莲瓣的层次，可分为单层莲瓣、双重莲瓣及多重莲瓣；按莲瓣的形态可分为尖头莲瓣、圆头莲瓣、单勾莲瓣、双勾莲瓣、仰莲瓣、覆莲瓣、变形莲瓣等；按表现形式可分为缠枝、折枝等；按装饰方法可分为刻划、模印等，其中以一花一叶纹较为常见。

福寿纹：元龙泉窑产品的瓶类中，尤以剔花或贴花缠枝牡丹瓶最为著名。其造型装饰特点明显，即以"三层工"形式出现，长颈多饰

青瓷纹饰

青瓷纹饰

凸弦纹，亦饰有缠枝花纹，腹部主题纹饰均为缠枝牡丹，刻花、剔花、贴花均有，腹下部刻狭长有脊莲瓣。

水波纹：其特征是以波纹为刻，疏密有致，或为主题纹饰，或为辅助纹饰。

折扇纹：因纹样如打开的折扇而得名，作为主题纹饰多装饰在碗、瓶类器物的外壁，具有层次分明的特点。

云气纹：多为如意头云纹，具有线条流畅、挥洒自如的特点，既作为主题纹饰出现在器物上，亦作为辅助纹饰与其他纹饰相配合。

蕉叶纹：其表现手法以刻、划花为主，或作为主题纹饰，或与其他纹饰相配合，南宋时期较为流行。

牡丹纹：牡丹纹表现技法有刻花、印花，形式有独枝、折枝、缠枝，多作为主题纹饰装饰在瓶类器物的腹部，刻、划并用是其典型特征。

花叶纹：花叶纹以刻花为主，辅以篦划纹或篦点纹，多饰在盘类器物内心或瓶类器物的腹部。

二、龙泉安福窑青瓷纹饰探索

《收藏》2007年第12期，刊登了一篇题为《元明时期龙泉安福窑青瓷纹饰初探》的文章，文中有一段话引起了我的好奇。"在龙泉窑各个窑区中，最能代表龙泉釉色之美的是大窑，最能代表五代、北宋龙泉窑工艺水平的是金村窑，最能代表哥窑、官窑风格的是溪口窑。那么，我个人认为，最能代表元明时期龙泉窑纹饰之美的是安福窑。"作者是土生土长的龙泉人，打小就在瓷窑边长大。20世纪70年代末至80年代初，中国社会科学院考古研究所在对龙泉东区古窑址进行考古发掘时，他还是个读书的孩子，整天跟着考古学者遍地跑，因此对安福窑的古青瓷略知一二。根据文章所述，我觉得他对安福窑的青瓷纹饰分析还是有一些道理。

龙泉安福窑是历经宋、元、明三个朝代的瓷窑，位于当今龙泉市安仁镇安福村，通向瓯江的龙泉溪南侧，自然环境和地理条件优越，溪流两旁林木茂盛，瓷土蓄藏丰富，为烧瓷提供了充足的燃料和瓷土，也为瓷器沿瓯江水路输往温州、宁波提供了水运通道。当地有句谣谚"十八座水碓、三十六条桥、七十二窑主、九十九门窑"，说明安福村一带古窑瓷业之兴盛。经考古发掘，当地宋代的窑址有20余处，元代的有50余处，明代的有20余处，可见安福地区古代烧瓷窑场之多，产量之大。考古者曾在安福金霸坨窑址发掘出南宋前期的一座龙窑，其长 72 米，宽 1.85—2.30 米，根据保存在窑底上的匣钵计算，一窑可装烧碗盘 3 万多件，说明南宋时安福窑的产量已经很大。至今保存在石大门、大栗山二处的古窑址工场、窑床遗迹仍在，其内瓷器残片堆积成山，令人惊叹昔日的辉煌与制瓷技艺。从安福至安仁口的仙宫湖畔，散布着大大小小的龙泉青瓷古窑址 20 多处，均系宋、元、明时期的窑场，当湖水退落，被湖水冲刷过的古窑址浮现出就中出现了一堆又一堆的古瓷片，蔚为壮观，让人们恍如看到瓯江两岸瓷窑林立、烟火相望、江中运瓷船舶往来如织的繁华景象。

龙泉安福窑的产品釉色虽不如大窑青瓷晶莹滋润，但在瓷器装饰纹样技法上似乎胜一筹。这一时期，安福窑青瓷装饰技法多样，包括刻花、印花、贴花、露胎、镂雕等，装饰技法更趋完善，图案精美而多样化。元明时期，安福窑生产的青瓷的主要销售对象为普通百姓，

青瓷纹饰

市场销售的竞争力很强，工匠们为得到百姓的认可，不断在纹饰技巧上下功夫，充分发挥了纹饰技能的创新。同时这些工匠们成长于深山绿水之间，他们所见到的花草鱼虫、飞禽走兽皆可创作入瓷，作品题材更富有大自然的艺术特色。

龙泉安福窑常见青瓷纹饰主要有植物类：如菊花、莲花、牡丹、蕉叶、月季、桃花、梅花、秋葵、兰花、灵芝、芙蓉、枇杷、桃子、水草、松、竹。动物类：如龙、凤、鱼、虾、羊、鹿、龟、马、猴、蜜蜂、蜻蜓、蝴蝶、蝉、等。其他类型，如带有宗教和吉祥寓意的杂宝纹、八卦纹、钱币纹等。

据说当年陈万里先生在龙泉老百姓家中吃饭，无意中看到龙泉窑双鱼洗餐盘里盛放的鱼与瓷器上的鱼极其相像，遂意识到龙泉瓷器上的鱼纹很可能就模仿自龙泉本地土生土长的品种。青瓷中十二生肖纹饰图案，将十二种动物鲜活地显现出来。那莲花瓣上停留的蝴蝶，似表现出对花的依依不舍，也使人仿佛闻到莲花的清香。一种点彩的乌龟贴塑于青釉碗心中，旁边印有松鹤纹，应是象征龟鹤延年长寿之意。有些青釉碗印着一圈圈似钱币又非钱币的纹饰，并辅以"卍"字符号，可能隐含着财源不断的意味。此外，除了容易识别的莲生贵子、福禄、鹿鹤同春、马上封侯等吉祥图案外，很多符号和图案仍有待辨识。

龙泉安福窑址窑口众多，产品多样，安福窑青瓷纹饰多为中国传统吉祥图案，也融合了佛教、道教吉祥题材。面对丰富多彩的安福窑青瓷纹饰残片，我们注意到，在国内的古墓葬或古遗址中很少有同类瓷品出土。那么，这些纹饰精美的安福窑青瓷除满足国内百姓需求外，当时又销往何处呢？据说在菲律宾曾有安福窑青瓷出土，也许安福窑的精制产品也走向了世界市场。

清雅瓷魂
QINGYA CIHUN

陶瓷之路

人人都知道中国的丝绸之路，但不一定知道陶瓷之路，也许更没有听说瓷器之路、青瓷之路。

那么，陶瓷与瓷器有什么区别呢？陶瓷包括陶器与瓷器，陶与瓷是土与火的艺术，两者不同在：一是使用材料不同，二是烧成温度不同。陶器可以使用包括瓷土在内的各种矿物粘土材料，烧成温度相对比较低，且一次烧制成型，胎质没有瓷化，敲击之声较沉闷。瓷器使用的是氧化铝含量较高的瓷土，即高岭土材料，烧成温度比较高，且二次烧制而成，胎质已经瓷化，敲击之声清脆。可想而知，瓷器烧制比陶器烧制的工艺难度要复杂得多。

人类制陶的历史由来已久，只要有黏土，加上一定的条件，原始先民就可以烧制出陶器，这是一种近乎本能的创造。但是，从陶到瓷，几乎像是被施了"炼金术"，演变为另一种全然不同的物质。在很长一段时间里，瓷器制法为中国人所独有，作为瓷器的"china"与作为国家的"China"相互映照。然而，随着瓷器贸易的全球化，制瓷技术的全球化终究不可抵挡。

汉代，著名的"丝绸之路"沟通了中外文化间的交流，中国逐渐被誉为"丝国"。从8世纪末开始，伴随着中国瓷器的外销，中国又开始以"瓷国"享誉于世。经晚唐五代到宋初，达到了一个高潮。这一阶段输出的陶瓷品种有唐三彩、邢窑（包括定窑）白瓷、越窑青瓷、长沙窑彩绘瓷，这其中输出的唐三彩就属于陶器类，其他为瓷器类，而越窑青瓷是瓷器类中独有的青瓷。越窑是古代南方著名的青瓷窑，窑所在地主要在今浙江省上虞、余姚、慈溪、宁波等地；生产年代自东汉至宋，唐朝是越窑工艺最精湛的时期，居全国之冠。陶瓷之路走向的国别与地区有：东北亚的朝鲜与日本，东南亚的新加坡、泰国、马来西亚、印度尼西亚、菲律宾，南亚的斯里兰卡、巴基斯坦和印度，西亚的伊朗、伊拉克、沙特阿拉伯、阿曼，北非的埃及，东非的肯尼亚和坦桑尼亚。海上交通路线主要有两条，一是从扬州或明州（今宁波）经朝鲜或直达日本的航线；二是从广州出发，到东南亚各国，或出马六甲海峡，进入印度洋，经斯里兰卡、印度、巴基斯坦到波斯湾的航线。当时有些船只继续沿阿拉伯半岛西航可达非洲。前述亚非各国中世纪遗迹出土的晚唐五代宋初的瓷器，就是经过这两条航线而运输的。①

宋元明初向外国输出的瓷器品种主要是龙泉窑青瓷，还有景德镇青花瓷、建窑黑瓷、婺州仿钧釉瓷等。值得一提的是20世纪80年代中期，韩国新安海底发现了一条中国沉船，工作人员清理发现船上装有各类物品22000余件，其中瓷器就有20691件，而一半以上为龙泉窑青瓷。船舱里发现有墨书"至治三年（1323）"字样的木质货签，从而可证明这些龙泉窑青瓷是元至治三年之前的产品。该批青瓷分乳浊釉和半乳浊釉两个釉系，釉色则有粉青、梅子青，还有青黄、青绿、青灰等。装饰技法上有刻花、贴花、透雕、露胎贴花、印花等多种。器形有比较罕见的透雕莲花纹环耳瓶、方鼎形香炉、鼎形熏炉、长颈瓶、茶托等。②宋元外销瓷输往的国家有东北亚、东南亚的全部国家，南亚和西亚的大部分国家，非洲东海岸各国及内陆的津巴布韦等国。航线主要是到东北亚、东南亚诸国的航线及通往波斯湾等地的印度洋航线，特别是开辟了从马尔代夫马累港直达非洲东海岸的横渡印度洋的航线。

明代中晚期至清代18世纪末，仍然是中国瓷器外销的黄金时期。

① 冯遵瑞：《关于瓷器历史的相关研究》，《中国科技纵横》2017年第7期。
② 李刚：《中国古代外销青瓷管窥》，《东方博物》2006年第4期。

出口印尼的龙泉窑瓷器

输出的瓷器主要是景德镇青花瓷，还有广东石湾瓷、福建德化白瓷、安溪青花瓷等。其中较精致的外销瓷多是国外定制产品，其造型和装饰图案多有西方色彩，还有些在纹饰中绘有家族、公司、团体、城市等图案标志，称为纹章瓷。这时期的外销瓷数量也很大，17世纪每年输出约20万件，18世纪最多时每年约达百万件。输出的流向有东亚的朝鲜半岛和日本、东南亚及欧美诸国。中国瓷器通过海路行销全世界，成为世界性的商品，对人类历史的发展起了积极作用。

龙泉青瓷不仅是国内畅销产品，更成为重要的出口商品，博得全世界人民的广泛喜爱。12至15世纪初，也就是南宋晚期至明中期近300年中，龙泉一直是世界最大的青瓷生产和出口基地，被世界瓷器市场追捧，堪称一种世界性的文化符号，产品远销东亚及东非、阿拉伯诸国，并为宫廷烧制专用瓷。龙泉青瓷形成了自己的独有风格，粉青、梅子青是人们公认的青瓷釉色的巅峰。这种青瓷传入朝鲜，极大地影响到高丽青瓷。传入日本，日本人称之为砧青瓷，并大量仿造。传入阿拉伯国家，阿拉伯人称龙泉青瓷为"海洋绿"。传入法国，它那青翠欲滴的釉色，让法国人惊叹不已，风趣的巴黎人认为，只有《牧羊女》剧中主角——雪拉同的青袍，堪与龙泉青瓷媲美，于是他们把龙泉青瓷称为"雪拉同"，至今法国人对龙泉青瓷仍用这一美称。现在世界上著名的博物馆，几乎都珍藏有龙泉青瓷，仅土耳其伊斯坦堡博物院就有 1000 多件，日本东京还设有专楼珍藏，只有高级外宾到来或樱花时节才开放，供人们观赏。如果博物馆举办陶瓷展览而没有龙泉青瓷，准会被认为不符合著名博物馆的条件。1973 至 1987 年在新安海底发现一艘元代沉船，打捞出 1 万多件瓷器，其中龙泉青瓷占了绝大多数，这也佐证了龙泉青瓷在元代对外贸易中有重要地位。明前中期，朝廷实行海禁政策，很多东南亚国家通过琉球中转进行青瓷贸易，但受配额限制的贸易根本满足不了需求，琉球使者甚至还私赍金银到龙泉收购青瓷。世人对龙泉窑青瓷的喜爱，是受人们对自然的审美意识所支配的，体现了人类对大自然的依恋之情。在全世界所有瓷器中，只有龙泉窑青瓷在釉色上创造出凝聚大自然宜人青色的卓越成就，让人使用青瓷时得到的是满目葱茏的春天的气息。

龙泉青瓷烧制技艺的变革和作为贡品进贡朝廷的影响力带来了龙泉贸易量的大幅度增加，这给龙泉经济带来繁荣。近代以来，在非洲、中东等地相继出土了大量五代时期的青瓷碎片，现有研究一般都将其归为越窑，这当中有一大部分是与越窑高度相似的龙泉青瓷，也许就是古代传说的龙泉窑曾为越窑替代烧制的青瓷。2003 年 2 月，在印度尼西亚的井里汶附近海底发现了一条晚唐时期的中国沉船，清理舱内遗存后发现瓷器、陶器、玻璃器及金属器等各类物品近 30 万件，越窑青瓷竟达 20 多万件。这充分证明作为中国瓷器发祥地的浙江，早在晚唐至北宋时期，就有大量越窑青瓷经海路销往东南亚及东欧等国家和地区。北宋中期以后，越窑的制瓷业几乎衰歇，龙泉窑则迅速崛起，获得大发展。龙泉青瓷贸易遍布国内，如江苏溧阳李彬夫妇墓（元祐六年）、四川阆中陈安祖夫人墓（崇宁四年）、温州白洋塔（政和五年）等地都有出土龙泉青瓷，处于西南的桂林在旧城改造时也出土了不少北宋时期的龙泉青瓷残片。同时龙泉青瓷的海外贸易也已经遍布东南亚和非洲地区，如菲律宾出土的北宋多管瓶，东非福斯塔特遗址出土的少量北宋刻划花碗、荷花碗等证明这一时期的龙泉青瓷已经出口到东南亚和非洲北部地区。

如果从跨文化的视角去观察，更能清晰认识中国瓷器的内在价值，且看清它的区域性、地方性和民族性。事实上也如大英博物馆馆长麦克格瑞格所说，"瓷器的历史是全球对话的历史，其对制造技术和日常生活、人文风尚等方面的重大影响是双向的"。从这个意义上，瓷器之路完成了东西方交融的一个"文化大循环"。

大多数欧洲人对中国的了解和对瓷器的痴迷都来自马可·波罗写于 1291 年的著名游记，他五光十色的描述提供了新鲜而奇异的幻想。比如他提到一座城市，"人们制作瓷碗，这些碗大小不等，美轮美奂。瓷碗只在这座城市制作，别处没有；它们从这里出口到全世界。在这座城市，瓷碗到处都是，且价格低廉，一个威尼斯银币可以买到三只精美的瓷碗，其玲珑可爱，简直无法想象"。这是西方文献中第一次提到瓷器。马可·波罗将几件瓷器带回威尼斯，也在西方引发了一场漫长的"瓷器热"。

自古以来，不知多少人会提出一个共同的问题：龙泉处在崇山峻岭的山沟沟里，为什么会成为如此繁荣的青瓷贸易出口基地，真是不可思议！对于这个问题，有人说这与龙泉得天独厚的瓷土、燃料等资源优势有关，也有人说龙泉青瓷的祖师爷是越窑，是越窑的能工巧师带出来的，还有的人说北宋南下后，成千上万的窑工推动了龙泉青瓷的大发展。这些分析都有一定的依据和道理，但至关重要的有利条件是龙泉有一条通往温州的八百里瓯江，相当于当今的高速公路。这条水路运输在古代既便捷又安全，被有的学者称为瓯江上的"青瓷之路"。龙泉青瓷从瓯江而下，通过温州港、明州港、泉州港走向世界。三个主要海港，一头连接着龙泉，一头连接着世界，组成了一张交错纵横的陆上、海上龙泉青瓷外贸出口线路网。龙泉，是海上瓷器之路的重要起始地。

龙泉牛门岗、兰巨、查田等地出土的新石器证明，瓯江沿线早在新石器时代就是浙闽间的重要通道。瓯江作为温州和处州的母亲河，

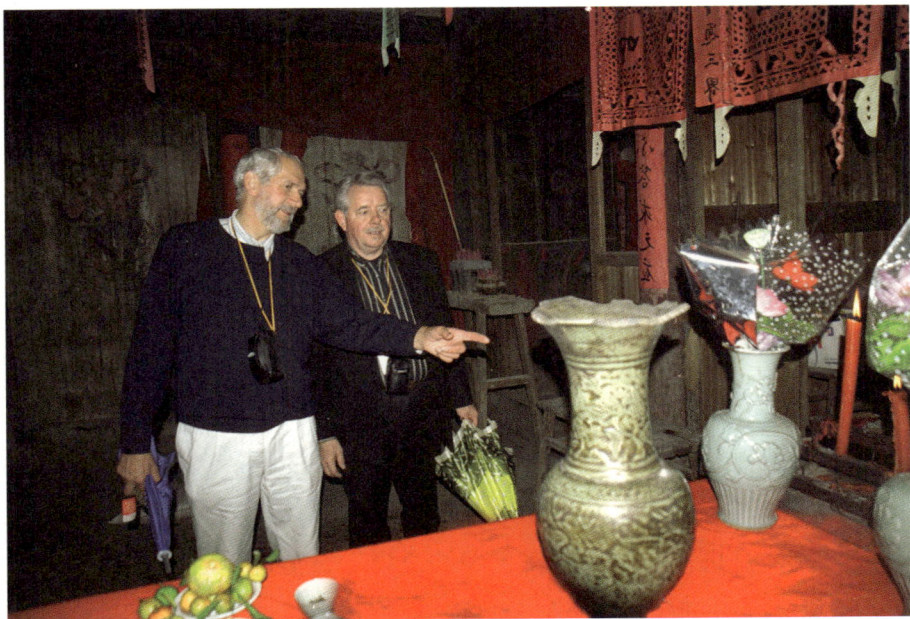

2002 年，国际陶协主席托尼·富兰克斯访问大窑（朱志敏 摄）

历来都是连接两地的最主要通道。汉时，处州、温州两地同属东瓯，古代温州地区造船业发达，三国时期的"横屿船屯"是当时的江南三大造船基地之一，有"万船"之称。唐代，温州成为全国重要造船基地之一，《资治通鉴》称：贞观二十一年（647）八月，太宗敕令"杭、越、台、婺、栝等江南十二州造大船数百以征高丽"。栝州的造船基地在旧永嘉县城北沿江一带。五代时期，处州龙泉地处吴越国与闽国交界处，是双方对峙的焦点。这一时期吴越国开通了一条龙泉经小梅、新窑到松溪前线的陆路通道。这一条通道的建立，为这一带的开发和人口增加提供了条件，为后来的浙闽间贸易起到连接作用，也客观上促进了瓯江航运的发展。随着人口的增加，贸易量也相应增加，逐渐发展出造船业。《浙江通史·隋唐五代史》也称：吴越国在湖州、越州、婺州、栝州等地设有造船基地。栝州就是处州，说明早在五代时期，为了应对瓯江航运的需要，处州地区就有相当规模的造船业。处州作为山区，与湖州、越州等航运发达地区并列为造船基地，必然有巨大需求才可能有这样的规模，这与五代时期龙泉青瓷进贡和贸易产生的航运需求有很大关系。

瓯江属山区小流域河道，水流湍急，溪中礁石林立。大诗人李白曾发出"咆哮七十滩，水石相喷薄"的感慨。北宋元祐年间，处州知州关景晖号令大溪沿途各县民众治理河道。元祐七年（1092），官府开始大规模疏浚龙泉至青田的大溪，并整治险滩。宋代遂昌人龚原在《治滩记》中称瓯江："暗崖积石，相蹙成滩，舟行崎岖，动辄破碎，盖尝变色而惴栗，失声而叫号。"为改变这一船运弊端，龙泉县令主持疏浚龙泉溪，历时6个月，治滩八十余，终使河道畅通，"凡昔所难，尽成安流，舟昼夜行，无复激射覆溺之虞"，至此，瓯江通航能力极大提高。水上交通的开发，使龙泉青瓷沿大溪由南区向东区扩展延伸，为龙泉青瓷业发展奠定了基础。由于龙泉青瓷外贸销售量不断增加，

龙泉窑溪口岸（朱志敏 摄）

瓷业迅速发展，新的瓷窑也不断出现，规模不断扩大。当时龙泉的著名窑场大窑，有 50 多处瓷窑在生产，白天烟雾弥漫，夜间炉火辉映，盛况空前。在龙泉的溪口、庆元竹口和两地相交的金村、上垟之间都形成了大的瓷业区。尤其是在水上运输方便的龙泉至丽水的瓯江两岸，新建了很多瓷窑。此外，在遂昌、景宁、武义、缙云、永嘉等县也有部分瓷窑，其瓷窑数量之多，分布范围之广，在全国瓷窑中是罕见的。[①]
自宋代以后，历代地方政府都相当重视航运管理，为青瓷航运提供服务。如洪武年间政府深度介入青瓷航运，《雍正处州府志》载："韩时中，

---

① 李刚：《宋元时期的外销瓷研究》，南京航空航天大学硕士论文。

洪武末同知，廉洁公平。督运海舟青器，措置得宜，民心悦服"。这说明当时的青瓷航运不是由龙泉管理，而是直接由处州府管辖，管理级别高说明当时地方政府对青瓷贸易的重视。造船业的进步、历代瓯江航道的数次整治，推进了航运业的发展，也促进了青瓷生产和贸易的发展。

恢复问路

清雅瓷魂
QINGYA CIHUN

1957 年 7 月，周恩来总理在南京召开的全国轻工业厅厅长会议上指出："要恢复祖国五大历史名窑生产，首先要恢复龙泉窑和汝窑。"遵照周总理的指示，国家轻工业部作出了《关于恢复历史名窑的决定》。浙江省委省政府专门成立了"浙江省龙泉青瓷恢复委员会"。浙江省轻工业厅和浙江省文物管理委员会承担了研究龙泉青瓷历史的任务。在各部门分工协作下，集聚全国各地的陶瓷专家和龙泉土生土长的传承匠人，对龙泉青瓷进行了全面系统的考古发掘、科学测试和恢复试制工作。群策群力、献计献策，依靠集体智慧和力量，龙泉青瓷的恢复发展迎来了曙光。

为什么周恩来总理如此重视龙泉青瓷的恢复发展？浙江省委原常委、副省长，时任省轻工业厅厅长的翟翕武讲述了一个生动的传奇式故事。

故事要从外国专家"雪拉同"说起：

20 世纪 50 年代，一些外宾来中国访问，其中有些喜欢中国瓷器的，找到外交部当时的外事人员，向他们要"雪拉同"。外事人员不懂，就回答说没有。后来，有位苏联专家也要"雪拉同"，专家拿着茶杯说，就是这类东西。外事人员说瓷器嘛，我们有著名的景德镇、唐山的瓷器。于是外事人员把最好的瓷器给他们看，他们都说不是，直摇头。那怎么办呢？后来，外事人员想出个办法，到故宫陶瓷博物馆问陈万里。

陈万里是中国著名的青瓷专家，他精通中国陶瓷，《中国青瓷史》就是他写的。那些外事人员到故宫博物馆找到已经七十多岁的陈万里就问他苏联专家一定要"雪拉同"，各方面瓷器给他看了都不是，那

到底是什么东西？陈万里笑着说，

> 哎呀！"雪拉同"就是龙泉青瓷嘛！陈万里就顺手从抽屉里拿出一本《中国青瓷史》递给外事办的小青年，说："这是我写的，里面写了'雪拉同'的故事，你们回去仔细看一看。"

龙泉青瓷出口到东南亚，从这个国家到那个国家，后来销到法国去了。巴黎人一看那一件件精美绝伦、碧如翠玉的青瓷器，即竞相购买，称赞不已。"哟，我的上帝，这么美的东西是哪里来的呀？" 当人们知道这青瓷是中国来的，但不知道叫什么名字时，都说："给它取个名字吧！" 可是取个什么名字呢？当时，巴黎剧院正在上演杜尔夫的作品《牧羊女亚司泰来》，盛况空前。随着金色序幕的展开，一个身穿碧绿色服装的美丽少年出现在舞台上，他端庄英俊，气质非凡，一身湖绿色的衣服，如秋波浩荡，似春山滴翠，天生丽质，风彩动人，此人就是剧中男主人公雪拉同（Celadon）。顿时台下的观众就轰动起来，人们赞美这雪拉同是美的化身。大家就说把龙泉青瓷称为"雪拉同"吧。从此，青瓷"雪拉同"的名称就这样传开了。至今欧洲这些国家还把龙泉青瓷叫作"雪拉同"，"雪拉同"成为龙泉青瓷的代名词。

周总理知道这件事后，当时就决定叫轻工业部赶快恢复龙泉青瓷。并指出不但是龙泉青瓷要恢复，中国五大名窑都要恢复，特别是龙泉青瓷一定要早点恢复，外国人来访问中国就要看这些东西。轻工业部部长就把周总理的指示精神转告时任浙江省轻工业厅厅长翟翕武。翟翕武带着嘱托，组织了一些专家，有南京、上海、北京的，还有中央美院的，全国比较知名的陶瓷美术方面的专家都请来了，并成立了浙江省龙泉青瓷恢复委员会。

如何着手进行恢复工作？翟翕武一时摸不着头绪，他再次去找陈万里。"要恢复龙泉青瓷，就要找到工艺配方；龙泉有个叫李怀德的老艺人，他手上有祖传的秘方。李家祖训非常严格，传男不传女，传长不传幼，秘方几百年来都秘密地传了下来。李怀德是个全才，从陶瓷的原料到造型、烧制、青瓷的雕塑、上面的花纹设计，样样都精通。关键还是外面的一层釉，这个釉的配方是世代传下来的，绝对保密，找到他，能找到一些门道。"陈万里把恢复的线索告诉了翟翕武。于是，翟翕武组织上海硅酸盐协会的会长周仁、轻工业部陶瓷研究所总工程师李国、浙江美术学院教授邓白、浙江文物考古研究所朱伯谦等专家，开始着手恢复研究工作。同时，周仁会长专门从天津大学硅酸盐系选出了一位勤奋出色的大学生叶宏明，让他一起去龙泉着手恢复工作。[1]后来，叶宏明成为著名的青瓷专家，当了12年的全国政协委员，提了12年的青瓷提案。笔者曾经两次去拜望过他，一次是任丽水市市长时，还有一次是在省政协任秘书长时。每次听他讲述龙泉青瓷的情怀，都无比激动，特别是他回忆恢复龙泉青瓷的岁月时。可惜，老专家前几年已经仙逝了。

记者周晨婧写的一篇通讯报道《见证国宝复活——纪念周总理指示恢复龙泉青瓷生产五十周年》中比较详细地记载了她采访翟翕武、赖自强和叶宏明的回忆。

采访的有关内容摘要如下：

> 正当浙江省龙泉青瓷恢复委员会为全面恢复龙泉青瓷做着积极准备的时候，在龙泉大地上也悄然复苏着一股烧制青瓷的热情。翻开省轻工业厅 1957 年的文件，看到了龙泉八都

---

① 吴东海：《1959 年恢复龙泉窑生产攻关成功的青瓷产品》，《东方博物》2010年第 4 期。

一位叫吴屏西的老人，曾先后四次上书，提出复建龙泉陶瓷的建议。手写的建议书上，言辞真挚，情深意切。曾任龙泉上垟青瓷厂生产科科长的赖自强回忆："1949年5月龙泉解放，当时龙泉宝溪、上垟一带还有些制瓷小业主在加工碗杯一类青瓷。同年8月，八都区张佰寿指导员派我去接管旧瓷器业工会，我任工会主席。后来，又去八都区瓷器业搞生产合作化运动。当时在八都、上垟、宝溪成立4个瓷器生产合作社。1955年8月办了公私合营瓷厂，1956年2月，便组织了7个老艺人李怀德、李怀川、李怀荣、张高文、张照坤、张高岳、龚庆平，成立仿古小组进行青瓷开发试验。"

与此同时，浙江省龙泉青瓷恢复委员会开始四处寻访李怀德。龙

龙泉青瓷（朱志敏 摄）　　　　龙泉青瓷（朱志敏 摄）

泉青瓷，独特之处在釉色，而釉料的配方是决定釉色的关键。按陈万里先生提供的线索，翟翕武带着叶宏明来到了龙泉，让他们惊喜不已的是，李怀德已经在龙泉组织的仿古小组里进行青瓷开发试验工作了。由此他们与李怀德等龙泉本地的老艺人，组成了工作集体。外来的科技与当地的传统技艺两股力量融合在一起，共同抒写龙泉青瓷恢复生产的新篇章。

"呕心沥血集群英，多番奔波龙泉行。人手夺得千峰翠，哥弟再度扬美名。"著名书法家启功先生在世时，曾赋此诗赠予翟翕武。这首诗也成为"呕心沥血"恢复龙泉青瓷的人们最真实的写照。他们见证着青瓷恢复之路的跌宕起伏，青瓷在他们的一生中占据了非常重要的地位，他们说那是一种情结。

龙泉青瓷恢复是一场大会战，也是一场攻坚战。"根据研制出来的配方，把原料配好，挂上釉烧，掌握好温度一次一次地试烧，烧出来的瓷器和李怀德提供的仿古一比，有差距。我们就拿着成品到上海，和周仁一起研究，调整配方，再返回龙泉烧，这样往返了大半年，才出了成果。那时跑一个来回很不容易，不像现在有高速公路，来来回回六七十次也有。一趟趟调整，到最后烧成了，拿出来一看，有些青瓷达到了南宋时期的水平。于是到国务院报喜，第一期《人民画报》给登了出来。后来，《人民画报》被带到香港，香港人兴奋得都跳了起来。中国龙泉窑恢复了，是个大事情，这样海外也知道了。当时，瑞典有个国际知名的大律师，他把美元寄到外交部，请外交部给他买套龙泉青瓷的茶具。我们给他挑选了一套比较好的茶具，外交部给寄了去。后来，有好几次国际展也有龙泉青瓷参加了，出了名，出口也打开了。青瓷配方弄好了，我们就请了中央美术学院的梅建英教授，还有中国美术学院的周轻鼎老师，他是我国有名的雕塑家；还有一位老教授是邓白，他是工艺美术系的系主任，也是比较有名的教授。他们领着一群学生，

恢复龙泉窑（一心 摄）

到龙泉实习，搞美术造型，仿古的，也有创新的；出了一批石膏模具，周轻鼎搞了一些雕塑，邓白设计了一套餐具，也送给国务院了。" 说到烧制成功后的情景，翟老的语气洋溢着骄傲和激动。

龙泉青瓷恢复委员会的领导、专家们耗费了半年时间，驻扎在龙泉，对龙泉青瓷进行了全面系统的考古发掘、研究工作，为大规模恢复生产打下了良好的基础。朱伯谦等一批考古研究人员，担负起了考古发掘的任务。在大窑、金村调查时，发现龙泉窑有50多个古代的窑址，一条龙窑，长度有80多米长，2米宽，烧一次窑啊，就有几万件青瓷，说明古代龙泉青瓷的生产规模很大，产量很高。此后这些前辈学者在有关刊物上发表了发掘的报告，出版了《龙泉青瓷研究》，在当时引起了轰动。

"1957年6月，地方国营龙泉瓷厂在上垟成立，到1959年成立了

龙窑水碓水车（一心 摄）

青瓷大车间，人员扩大到50多人，建了一座16立方米的倒焰窑，专烧青瓷。为庆祝新中国成立10周年，国家轻工业部和浙江省轻工业厅组织12个单位和部门20多位专家和领导来厂作指导，为北京烧制国庆用瓷和礼品瓷。翟翕武带队来厂，对青瓷开发进行全面规划，制订措施。全厂上下齐心努力，前后经过3个月的奋战，终于在国庆前夕完成了'国庆瓷'的生产任务，为龙泉青瓷恢复和发展打响了第一炮。产品按时运抵北京后，摆上了建国10周年的人民大会堂宴会大厅，受到了中央领导的高度赞扬，后来，周总理在招待外宾时，也用了龙泉青瓷餐、茶具。同时，为了适应当时从手工制作转为机械化生产，厂里选拔了 15 名骨干青年，由我带队，去江西景德镇学习 3 个月，回厂后，搞细瓷开发。当时一个青瓷车间 50 多人搞的都是试验性的工作，厂里还得靠白瓷来维持，各分厂生产的还是兰花粗瓷。到 1960 年，青瓷扩大到 2 个车间，150 多人，每年春季和秋季广交会，龙泉青瓷都送到广交会去销售。"时任瓷厂生产科科长的赖自强，在回忆的同时还翻开了发黄的老照片，摞出一叠当年的生产纪录。

风风火火的青瓷大生产，为龙泉青瓷注入了新的生命力。"龙泉青瓷的发展，始终要感谢一个伟人，那就是周总理。周总理指示要搞龙、凤和仿古复制品文物等，于是，又开始生产出口青瓷，外销接着打开。"赖自强说。

当采访叶宏明时，他没有片刻的犹豫，脱口而出："青瓷是我的亲人，他在我的心中占据 80% 的位置。当我从天津大学毕业，有幸被选中跟随翟副省长来到龙泉，我的生命就和青瓷结下了不解之缘。在我年轻时，我参与了龙泉青瓷恢复，我看着龙泉青瓷恢复工作历经诸多辛苦，在无数人的努力下终于成功；青瓷也伴随着我的成长，自那以后我的生活再也没离开过它。我是搞科研的人，生活简单，到了晚年，最大的娱乐就是研究青瓷。"在全国"两会"上，这位青瓷专家总要为发展龙泉青瓷事业提出不少真知灼见。在他的呼吁下，青瓷作为国家名片被印成邮票让世界了解，青瓷的发展天地更广阔了……

翟翕武还说起了一个"东方美人"的故事："文革时期，要破'四旧'，不搞封建迷信，厂里的许多模具就遭殃了，被砸坏了。当时，广交会就要召开了，要出口龙泉青瓷，我们就找到瓷厂厂长。厂长说，我藏起了一件模具，观音菩萨的石膏模藏好了。外贸人员说，这个也行。就生产这个，周总理讲过只要不是黄色的，就可以出口。观音菩萨是东方的大美人，跟外宾讲就是中国的东方美人。那次广交会上，龙泉青瓷全是观音菩萨，出口订单供不应求。"

观音青瓷（朱志敏 摄）

实际上，当时生产的不仅仅是"观音菩萨"，还生产了各种人物的塑像。记得有同志向笔者汇报龙泉上垟瓷厂破产后还留下了一批青瓷人物像，有关部门提出想以 15 万元卖掉。笔者明确一个都不能卖，全部留给青瓷博物馆收藏，想必现在这批青瓷价值无限吧。

龙泉青瓷恢复生产，凝聚了众人的心血，许多人在恢复生产的过程中，与青瓷结下了不解之缘。他们的一生都沉浸在青瓷之美当中，即使是面对一片青瓷碎片，也能陶醉其中。在龙泉青瓷的艺术魅力感召下，一批又一批人投身青瓷事业，孜孜以求，呕心沥血。在采访中，我们走访了许多亲历那段历史的人物，他们大多从青年走到了老年，然而说到青瓷，却仿佛焕发了青春，激情依旧。

衣带渐宽终不悔，为"瓷"消得人憔悴。上至中央领导、专家、学者，下至车间工人，所有为龙泉青瓷恢复发挥光与热的人，都是龙泉青瓷恢复与开发的有功之臣。如今，他们有的已离开了人世，有的韶华已逝，青春不再，但历史会永远铭记他们……

龙泉青瓷，让世人为之瞩目的中华瑰宝，历经风雨濯洗，越发耀眼夺目。历史曾让这璀璨的国宝一度蒙尘，但永远不能尘封的是所有为国宝恢复倾注毕生心血的人们的那份滚烫赤诚的情感。[1]

---

① 吴东海：《1959 年恢复龙泉窑生产攻关成功的青瓷产品》，《东方博物》2010 年第 4 期。

清雅瓷魂
QINGYA CIHUN

创业崛起

　　龙泉青瓷从1957年恢复生产，到1994年走向复兴，全市青瓷产业固定资产达1426万元，年产量1255万件，产值4145万元，年创税利200万元，在职干部职工2200余人。1994年是其时青瓷产量、产值、税利和固定资产最高的一年。但是，随着改革开放的深入发展，市场经济浪潮不断冲击着瓷厂，国营、集体青瓷企业的生产管理、体制机制等问题日渐突出，生产衰退，难以为继，纷纷破产倒闭。1997年12月，龙泉市政府办〔1997〕176号批复龙泉市瓷器一厂实行产权出售，这标志着最后一家国营青瓷企业宣告解体。

　　龙泉青瓷宝剑与竹木加工、五金汽配等三大支柱产业都面临同样的命运，企业举步维艰，财务状况每况愈下，下岗失业人员增多，发展后劲严重不足。连续28个月的经济负增长，使得龙泉经济在1998年跌入了历史性的低谷，当年全市财政赤字高达2800万元。龙泉人在困惑和彷徨中徘徊，我们怎么办？不能怨天尤人，观望等待，也不能悲观失望，坐以待毙，而应该鼓足干劲，振奋精神，抓住机遇，知难而上。在深入细致的调查研究基础上，市委市政府对龙泉经济现状进行了集体"会诊"，得出的结论是：除了硬环境的先天不足之外，软环境的不宽松是阻碍龙泉经济发展的最大症结。总结经验教训，新一届领导班子开出的"药方"是：休养生息。必须创造一个休养生息、蓄水养鱼的良好环境，基本原则是：以税收来解决"皇粮"，以减费来促进企业发展。一个以优化软环境、保税减费促产业为主要内容的"二次创业"战略构思迅速成熟，全市上下同心协力，"二次创业"徐徐拉开了帷幕。

龙泉青瓷犹如枯木逢春，与龙泉宝剑一起被确立为重点培育的文化主导产业，政府先后出台了一系列保护发展传统工艺的优惠政策，分别在用地、资金、项目建设、税费征缴、信贷扶持等方面给予重点倾斜，激励传统产业的复苏。为扩大影响，开拓市场，打响品牌，龙泉坚持"走出去、引进来"的开放式工作方针，四面探路，八方取经，走南宋路、闯上海滩、奔北京城，举办龙泉青瓷宝剑精品展，召开全国性的陶瓷评比大会，把龙泉青瓷和宝剑这两大瑰宝推向全国，使之闻名世界。

龙泉窑现代工场（朱志敏 摄）

一、走南宋路

南宋，是龙泉青瓷发展的鼎盛时期。南宋朝廷鼓励对外贸易，使龙泉青瓷生产得到了前所未有的大发展。龙泉青瓷要开拓崛起，重振雄风，必须走南宋路，取南宋经。2000年6月8日，中国龙泉青瓷宝剑精品展在西子湖畔的浙江展览馆开展。回忆当时动员青瓷商家参展的时候，不知有多少青瓷商人唉声叹气，信心不足，说是白费心思、白花钱。为了鼓励大家走出去，政府明确表态一切展销费用由他们买单，如果销不出去，政府负责原车送回，这给参展者吃下了定心丸。这次展示会共展出了300多件自北宋以来历朝的龙泉青瓷珍品及近代名家精品，有60多家企业和经销商提供1万多件产品现场展销。整个展示会历时8天，每天人潮如织，产品销售一空，有不少商家连夜从龙泉发货，还是供不应求。一位长期从事龙泉青瓷研究生产的青瓷艺人兴奋地说："做了30多年青瓷，我还是第一次为青瓷如此激动。以前在山里坐井观天，

青瓷作坊陈列室（一心 摄）

想不到一走出来，天地是如此的广阔。"这也是龙泉有史以来所记载的第一次如此大规模、如此隆重的"走向大城市"活动。

这次展示会得到了浙江省和杭州市人大、政府和政协的大力支持，各有关领导出席了开幕仪式，出席开幕式的还有浙江大学、浙江省文物考古研究所等30余家高等院校及科研院所的领导和专家，以及新华社浙江分社、人民日报社、浙江日报社、浙江电视台、浙江广播电视台等30多家中央、省、市、地方新闻单位的记者和省文联、省旅游协会等10多家团体的专家学者。与会者参观了龙泉青瓷宝剑展览后即参加了"中国龙泉青瓷研讨会"，研讨会由龙泉市市长李会光主持，出席研讨会的有中科院院士、上海硅酸盐研究所研究员李家治，省考古所、省博物馆、省工艺美术协会等青瓷材料研究专家和学者20多人。专家们从龙泉青瓷的历史文化、工艺、设计以及龙泉青瓷的继承和创新、特色和发展等方面提出了许多建设性意见。

二、闯上海滩

上海是通向世界的国际性城市，谁在上海滩占有一席之地，谁就赢得了商机。2001年4月27日，中国龙泉青瓷宝剑精品展在上海图书馆隆重开幕。此次精品展已经吸收了杭州展会经验，参展者也异常活跃，再不需要苦口婆心地去动员。一辆辆载满展品的大货车两面都贴上了大幅广告牌，从龙泉缓缓地驶进上海滩。这次展示得到了上海有关媒体的大力支持，在它们的大篇幅宣传下，龙泉青瓷宝剑引起了上海市民的极大关注。虽然展览地不在闹市区，但每天光顾的上海市民络绎不绝，展销的产品几乎销售一空。其中卢伟孙的青瓷作品"天与地"卖出了单个1.5万元的高价，创造了当时龙泉青瓷最高价记录。许多青瓷艺人感叹说："一块泥巴烧成的工艺品，竟然卖出了上万元的高价，以前连想也不敢想啊！这次精品展，韩国康津郡、日本三田市的代表也带着当地青瓷企业生产的精品，不远万里来到上海，一同参加了展览。龙泉青瓷的国际市场得到了开拓，好多厂家都获得了数量不少的外贸订单。

这次展示会正值春暖花开的美丽季节，上海申城，春意盎然；黄浦江畔，人潮涌动。"浙南明珠"龙泉市以其灿烂的青瓷宝剑文化和独特迷人的生态景观首次登台上海滩。中共上海市委、市政府、政协和浙江省委、人大、政协高度重视，各有关领导出席了开幕仪式。参加开幕式的还有著名工艺美术家韩美林，中科院，上海博物馆，上海市新闻界、文艺界、旅游界、经济界、考古界、收藏界等社会各界知名人士，以及俄罗斯、法国、意大利、日本、韩国、芬兰、丹麦、奥地利、波兰、泰国等国的驻沪总领事馆领事。这次展示加强了龙泉市

龙泉窑现代瓷展示厅（朱志敏 摄）

与上海市的经济文化交流与合作，龙泉青瓷店铺入驻上海滩，上海的市场有了龙泉青瓷的一席之地。

三、奔紫禁城

北京，为五朝（辽、金、元、明、清）帝都，是中华人民共和国的首都，是国家中心城市、国际大都市，还是全国政治文化中心、国际交往中心、科技创新中心。过去，龙泉人常常梦想去北京看看，走走天安门。2002年4月23日，龙泉人梦想成真。旨在弘扬传统文化、拓宽龙泉青瓷市场、展示龙泉丰富而又独特的旅游资源、提高龙泉知名度，让文化优势和生态优势转化为经济优势的活动——中国龙泉青瓷宝剑精品展，在北京民族文化宫隆重开幕。整个精品展历时6天，精美绝伦的龙泉青瓷、技艺精湛的龙泉宝剑给北京市民留下了难以忘怀的印象。这6天也是现代龙泉青瓷宝剑最红火、最为风光的6天。正像北京民族文化宫负责人所说，一个来自浙江省内边远山区的县级市，能在这里举办这样一个档次如此高、规模如此大、场面如此热烈、影响如此广的活动还是第一次。这次展会再次刷新了龙泉青瓷在杭州、上海创出的最高成交价，有3件龙泉青瓷分别以2万元的高价出售，有一把"龙之剑"卖出了3.2万元，创出了单件售价最高记录，更为惊喜的是，有20件龙泉青瓷珍品被中南海紫光阁收藏，成为当代"国宝"。此间，龙泉青瓷宝剑精品展成了首都新闻媒体关注的焦点。新华社、中央电视台、北京电视台、北京日报社、北京晚报社等京城各大媒体都对本次精品展进行了浓墨重彩的宣传。牛群、六小龄童、侯耀文等演艺界

青瓷作坊陈列室（一心 摄）

人士纷纷来到展厅，对龙泉青瓷宝剑产生了极大的兴趣；来自北京各大博物院、清华大学、北京大学等的陶瓷艺术家们更是表现出浓厚的兴趣，如清华大学的张守智教授天天来精品展现场，他们不仅对精品展给予高度评价，而且给予真诚指导。此次精品展，带给每个商家的不仅仅是鼓起来的腰包，更重要的是开阔了眼界，增强了信心，转变了观念，将龙泉剑瓷人的眼光锁定在国际一流市场上。占领了市场之后，龙泉人开始要更多的话语权。

这次展示会得到了全国人大、政协和北京市政府、浙江省人大、浙江省政府的大力支持，各有关领导出席了开幕仪式。出席开幕式的还有意大利、芬兰、新加坡等国驻华使馆官员和韩国、日本等国友好代表团及国内外经济界、金融界、艺术界、旅游界、新闻界等各界人士。国家经贸委、中国轻工业联合会等 20 家单位还送来了花篮。

时任龙泉市委常委、宣传部长的钟鸣深有感触地说："三次展示会的成功举办，是市委、市政府为振兴龙泉青瓷宝剑产业的"破冰前行"之举，是诸多同志为宣传龙泉青瓷宝剑文化的"凝心聚力"之举，不仅展示了龙泉青瓷宝剑的辉煌历史和成就，弘扬了龙泉青瓷宝剑文化，而且大大提高了龙泉青瓷宝剑在国内外的知名度和美誉度，为龙泉青瓷宝剑的腾飞和跨越奠定了扎实的基础。"

龙泉青瓷人找到了路径，热情地参加着民间组织的各类赛事和展览。义乌、宁波、南京、山东、沈阳、广东、深圳……哪里有艺术展，商家就自发地奔向哪里。龙泉青瓷这块金字招牌焕发出新的活力，处处闪耀着光芒。2002 年 10 月，龙泉市政府成功承办了"全国第七届陶瓷艺术设计创新评比大会暨首届龙泉青瓷节"，龙泉青瓷的革新创造又焕发出崭新的活力。2000 年，规划建设的龙泉青瓷宝剑园区，被列入省重点文化产业园区和省文化创意街区，如今这里是国家 AAA 级旅游景区，是一个集生产销售、文化展示、参与体验、旅游购物于一体的旅游景区。国家 AAAA 级旅游景区——中国青瓷小镇，立足于"国际瓷艺朝圣地"目标，在其独具特色、富有影响力的特色文化品牌指引下，人才、技术、资金等高端要素快速向小镇集聚。小镇已入驻市场主体上千家。在"互联网+"时代，"电商换市"也让龙泉青瓷产业生机勃发，借助电商翅膀，龙泉青瓷远销海外。宝溪乡溪头村第一次以互联网"众筹"方式让古法柴烧青瓷出窑，为龙泉青瓷"互联网+"又添新内容。"一带一路"国际合作高峰论坛上，百余款近 4000 件龙泉青瓷惊艳亮相，它再次化身为友谊使者，成为传递南宋神韵的一道耀眼风景线，见证世界重要时刻。2005 年 1 月，陶瓷科学技术国际研讨会上，美国、日本、意大利、瑞士、中国的专家学者 30 余人前来龙泉，先后考察了大窑古窑址、木岱口龙窑、安仁古窑址以及青瓷博物馆和龙泉青瓷工业园区，对龙泉窑进行了专题研讨和广泛的陶瓷学术交流。2009年9月，龙泉青瓷传统烧制技艺被正式列入《人类非物质文化遗产代表作名录》，成为全球第一个且是唯一入选人类"非遗"的陶瓷类项目。2016年9月，在举世瞩目的G20杭州峰会上，龙泉青瓷几乎无处不在，给嘉宾留下深刻印象，而7款35件青瓷国礼，更向世界展示了中华民族源远流长的历史文化。

千百年来，龙泉青瓷的火种延绵不绝，再度走进辉煌的年代。进入新时代，龙泉青瓷成为象征着中国优秀传统文化的"金名片"，飞向世界，飞向未来。

清雅瓷魂 QINGYA CIHUN

陶瓷盛会

龙泉曾经参与或举办了无数次龙泉青瓷大会,其中两次可称得上是具有全国性、世界性影响的盛会。一是在龙泉召开的全国第七届陶瓷艺术设计创新评比大会暨首届龙泉青瓷节,这是中国陶瓷界较高层次的评比会事,也是龙泉有史以来第一次承办如此重要的全国性盛会。二是跻身世界盛会上海世博会,这是以"一瓷一剑一茶一水一人家"拥抱世博,成为全省参与者的赢家之一。全国性、世界性的盛会,对弘扬传承龙泉优秀传统文化,推进龙泉文化产业发展带来良好的契机。对此,龙泉市委市政府进行了精心策划和全方位的统筹安排。

一、全国第七届陶瓷艺术设计创新评比大会暨首届龙泉青瓷节

2002年10月28日上午,"全国第七届陶瓷艺术设计创新评比大会暨首届龙泉青瓷节"在刚刚落成的龙泉尊龙商贸中心广场隆重开幕。中国轻工业联合总会副会长杨志海、中国陶瓷工业协会会长杨自鹏、国际陶瓷协会主席托尼·弗兰克斯、国际陶瓷协会副主席赖斯·曼宁、本次大会主任评委秦锡麟、副主任评委张守智、陈淞贤教授,来自美国、瑞士、日本、和我国台湾、香港的知名陶瓷专家,各陶瓷产区的陶瓷工艺大师、工艺美术工作者及参展商等共100多人参加了开幕式。

2002 年首届龙泉青瓷节

浙江省人民政府表示祝贺："陶瓷艺术是人类文明的重要遗产，中国陶瓷更是其中杰出的代表，全国第七届陶瓷艺术设计创新评比大会在龙泉举行，这是青瓷之都、绿谷圣地龙泉的一项文化盛事，是文物之邦、旅游胜地浙江的一道亮丽风景，相信这次盛会一定能够对我国陶瓷艺术的繁荣与发展产生广泛而深远的影响，并有力地推动龙泉乃至我省经济、社会的进一步发展，希望以此为契机，龙泉致力于繁荣青瓷文化，积极探索文化与经济的互助发展，真正展示浙西南文化名城的非凡风采，为我省进一步确定文化大省、经济强省的地位作出新贡献。"

丽水市委代表 248 万丽水人民对大会表示热烈祝贺："龙泉素有'处州十县好龙泉'的美称，是一个具有丰富文化底蕴、光荣革命传统的省级历史文化名城，勤劳智慧的龙泉人民在这块土地上创造了悠久璀璨的文化，有'国之瑰宝'美誉的龙泉青瓷就是其中最杰出的代表，近年来龙泉市深入实施'二次创业'发展战略，各项事业得到快速发展，与外界交流日益活跃。龙泉青瓷在'二次创业'中再创辉煌，成为龙泉市的支柱产业之一，步入了一个新的发展高峰期。相信这次全国第七届陶瓷艺术设计创新评比大会暨中国龙泉青瓷节的举办，必将对进一步弘扬陶瓷文化，加快对外交流，促进龙泉经济社会的全面进步产生深远的影响。"

大会期间，千年青瓷文化古城龙泉举行了大规模的群众性传统特色文化踩街活动，一辆辆装扮精致的青瓷彩车、宝剑彩车向人们展示出龙泉青瓷的悠久历史。"高机与吴三春"彩车、"吴三公"彩车向人们诉说着龙泉大地上一个个美丽的传说；八都600人腰鼓队、安仁380米板龙、城北马灯木偶、剑池街道的龙舟、竹垟畲乡的竹担舞等都让人们深深感受到龙泉丰富深厚的文化底蕴。龙渊古镇大街小巷人山人海，热闹非凡，到处洋溢着喜悦与笑容，整个山城沉醉在欢乐的海洋之中。前来参加盛会的国内外嘉宾无不为龙泉的特色文化而陶醉，发出由衷的赞叹与欢呼。

其间，中央电视台第三频道播出的"艺术彩虹·走近龙泉"大型文艺晚会在刚落成的龙泉市体育馆拉开帷幕。晚会结束后，还举行了大型焰火晚会，让全国各地宾客惊喜的不仅是龙泉古城悠久的历史文化特色，更是工艺釉色上达历史巅峰的龙泉青瓷。

这次盛会，共聚集了江西景德镇、江苏宜兴、山东淄博、广东佛山、潮州、福建德化、湖南长沙、澧陵、河北钧窑、唐山、河南汝窑以及陕西等全国重点陶瓷产区300多个厂家，有500多位工艺美术师、工艺大师的作品共1200多件（套）参评。这些作品有传统工艺瓷、现代日用瓷和现代陶艺，都是其时全国各地陶瓷艺术的珍品，全面展现了不断创新、与时俱进的中国陶瓷艺术的进步与发展状况。然而，在所有参评作品中，龙泉青瓷无疑是最引人注目的。清华大学教授、本届评委会副主任张守智坦言："就从釉色角度看，中国古代五大名窑中的汝窑、钧窑等釉色越做越亮，越亮显得越普通，而龙泉青瓷的釉色，无论是梅子青、粉青，还是豆青都已远远超越了历史，达到了陶瓷釉色的最高水平。我们由衷地感到改革开放以来，中国陶瓷艺术界取得较好较快发展的有两个：瓷器就是龙泉，陶器就是宜兴。这几年，龙泉青瓷在工艺技术、装饰、釉色、产品花色品种等各方面都远远超过过去。"中国美院陈淞贤教授说："龙泉青瓷是中国文化代表之一，瓷器中真正能代表中国的只有龙泉青瓷和景德镇青花瓷——最有我们民族特色，最吻合中国的审美观。"在与会期间举行的中国龙泉青瓷发展研讨会上，来自五湖四海的40多位陶瓷专家、学者对龙泉青瓷的热爱、崇敬之情溢于言表。陕西跃州窑研究所孟树峰所长发出肺腑之言："我们要毫不吝啬地拿出我们的聪明智慧，迸发我们的热血激情，燃烧我们的青春生命，将自己的全部深埋进生活的泥土，再生成不凡的青瓷艺术，重塑起青瓷的千峰翠色。"

这次陶瓷界的"奥运会"，聚集的我国各陶瓷产区的作品是历届最多的。这些作品都是在当时我国各地陶瓷艺术珍品中选之又选，精中选优，代表其时中国陶瓷艺术的最高水平。来自英国、加拿大、日本、澳大利亚等地的国际资深陶艺专家，来自景德镇、宜兴等中国重要产瓷区的陶艺家，来自国际及中国陶瓷协会的评委，来自全国各地的陶瓷爱好者，不远千里来到山城龙泉，为的就是在盛会中目睹其时代表中国陶艺最高境界的陶瓷作品。在所有的参展作品中，龙泉青瓷也确实不负众望，在此次参评的1200件作品中，评出了281件获奖作品，龙泉青瓷就有33件，其中一等奖3件，二等奖8件，三等奖10件，优秀奖12件。龙泉窑研究所夏侯文、夏侯辉父子的"红色的诱惑"，朝兴青瓷苑徐凌的作品"秋韵"，天丰瓷厂周方武、梅红玲夫妇的"牡丹"瓷品获一等奖。这些作品除了给人们展示深厚的制瓷技艺功底外，还给人们带来视觉上、思想上，甚至是心灵上的深深震撼。

二、上海世博会中的龙泉元素展示

2010年，上海举办世博会，龙泉市凭借"一瓷一剑一茶一水一人家"

拥抱世博，成为全省参与上海世博会的赢家之一。

龙泉青瓷元素在世博会上大放异彩。龙泉嘉翔窑青瓷研究所生产的80万只青瓷碗作为中国元素纪念品在世博会上亮相，并成为国内外游客珍爱的世博纪念品之一。

世博会是世界级的大展台，为了能走进世博，国内外知名企业纷纷摩拳擦掌，各显神通，竞争空前激烈。就说上海世博会浙江馆礼品——青瓷茶碗，参与竞争的企业就不下100家。龙泉的青瓷企业也抱着为龙泉争光，让龙泉青瓷走向全世界的梦想参与了竞争。

卢伟孙大师用心地感悟和理解了"斗"和"碗"的设计理念和深刻含意，他殚精竭虑，用心设计了3款小圆碗，样式模仿的就是浙江馆里的青瓷巨碗，很好地呼应了浙江馆主题展示的要求。卢伟孙精心制作的3款小圆碗样品，流青滴翠、玲珑剔透，分为高白粉青、哥窑粉青和弟窑粉青。

功夫不负有心人，卢伟孙用心设计制作的青瓷茶碗样品终于在众多竞争者中脱颖而出，获得了世博局的青睐，让游客们惊喜，甚至欢呼。订单像雪花一样飞来，至今，依然有顾客陆续订购，足见其影响力。

除中国馆外，在宝钢大舞台贵宾厅、浙江馆也陈设龙泉青瓷。在世博会开幕后的第1个月里，9位国家级、省级美术大师在宝钢大舞台中国元素传习区内，现场表演拉坯、刻花等技艺，备受关注。

在"浙江周"期间，龙泉青瓷入选具

龙泉青瓷手拉技艺现场展示

有浓郁浙江特色、汇集浙江优秀民间传统的"物华天工"浙江民间工艺精品展。20件优秀龙泉青瓷作品与全世界参与者见面，展示了龙泉历史悠久、绚丽多彩的地

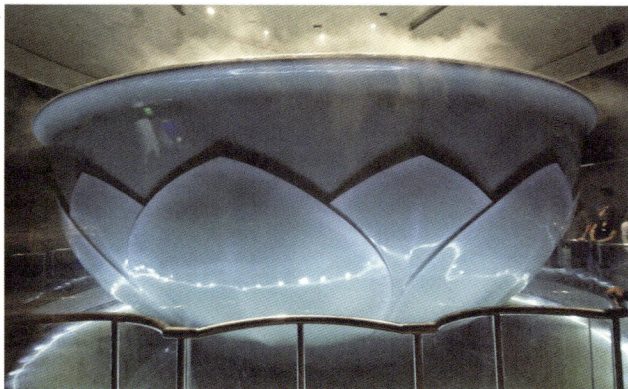

龙泉青瓷大碗

域文化及非物质文化遗产保护成果。

有人说，浙江馆很"龙泉"。在浙江馆中厅展出的一只巨大的龙泉青瓷碗，直径8米，可升降，是浙江馆最核心的部分。除了本身就是一件艺术品外，这只碗同时又是一个影像装置，参观者通过它能看到浙江的历史变迁和最具代表性的景色。在后厅，还有11个直径1米左右的青瓷碗，通过影像不断地展现着浙江城市的风貌。

龙泉因剑得名。一把长28米，重56千克的"圆梦奥运之剑"亮相世博，2008年该剑经上海大世界吉尼斯认定为中国最长最大的宝剑，并被誉为宝钢大舞台的"镇馆之宝"。

来自龙泉的馥郁鲜爽的金观音茶叶和出自龙泉原始森林的披云山活水，再用龙泉青瓷碗泡出来是那么的黄绿明亮，喝起来是那么的清香味甜。在2010年的上海豫园国际茶文化节上，推介宣传活动以"龙泉茶瓷，韵添世博"为主题，通过茶艺表演、展示展销、专家论坛互动交流，展示了龙泉优越的生态和深厚文化底蕴。

"青瓷世家"代表"最浙江"家庭演绎时代变迁。上海世博会浙江馆在浙江全省范围内寻找虽从事不同行业、来自不同地域但具有深厚文化底蕴、最能代表浙江的、能反映时代变迁的江南水乡家庭。龙

泉张绍斌一家作为"青瓷世家"而幸运入选。

说起张绍斌，龙泉青瓷界可谓无人不知，无人不晓；甚至在国内的陶瓷界，他也是声名远播。他被故宫博物院陶瓷专家、清华大学美术学院教授张守智誉为"官窑"传人；他因只读了三年半书而在参评中国陶瓷艺术大师时被淘汰，却又戏剧性地以他的惊世作品征服了所有评委并最终成为国家级大师。

说起张家与青瓷的渊源，要从张绍斌的爷爷说起。

张绍斌的爷爷张高礼和叔公张高岳是民国时期制作青瓷仿古瓷的高手，至今在龙泉青瓷博物馆还存放着他们的"寿龟""白菜瓶"等多件精品。

1957年，周总理指示恢复龙泉青瓷生产后，龙泉成立仿古小组。张绍斌的叔公张高岳正是仿古小组的成员。而张绍斌本人可是个大器晚成的典型——直到30岁以后才走上青瓷的创作道路。

几年后，他做的仿古瓷已经可"以假乱真"；之后他又为了追求青瓷艺术创作而放弃了仿古瓷，又在短短的几年间，创作出了被张守智评价为"这就是官窑作品"的现代青瓷。

张绍斌在龙泉可谓独树一帜，薄胎厚釉是他的招牌，还有龙泉独此一家的米黄色哥窑釉，如冻石一般，为业界惊叹。而他对艺术瓷的执着，也为世人钦佩。

上海世博会上，一批批名人政要对龙泉元素在上海世博会上的精彩表现给予高度评价，国内外众多新闻媒体对龙泉元素亮相上海世博会作了全方位的采访报道。上海世博会中国国家馆贵宾厅相继接待了30多位不同国家的首脑。上海世博会事务协调局授予龙泉市"优秀组织奖"，同时还向30多位提供青瓷展品的青瓷艺人颁发了收藏证书。

古镇瓷苑

清雅瓷魂
QINGYA CIHUN

　　龙泉窑发源于龙泉南区大窑、金村、源口、溪口一带，历宋、元、明三朝发展已遍及龙泉境内沿溪各地和庆元、云和、丽水、遂昌、缙云、永嘉、文成等县，以及福建、江西、广东等省和埃及、日本、韩国、伊朗等国家。在龙泉境内考古发现有 390 余处窑址，其中窑数在 10 处以上的有几十个乡村，这一带瓷窑林立，烟火相望，一派繁华的景象。当今龙泉不少乡村集镇在开发古窑址，挖掘瓷文化，建设新园区，打造瓷苑文旅景区。开发成功且规模比较大的古镇瓷苑有个三个。一是龙渊镇（街道）的龙泉青瓷宝剑苑，原名为龙泉青瓷宝剑园区，多为前店后厂作坊模式的集聚生产和产品营销模式；二是上垟镇的中国青瓷小镇，又称披云青瓷文化园，是一个颇有特色的瓷厂旧址博物馆；三是小梅镇的大窑遗址公园，又称大窑龙泉窑遗址公园，是一个集宋元明三朝的古窑遗址，郑和下西洋时的青瓷大多由此生产。

一、龙泉青瓷宝剑苑

　　龙泉青瓷宝剑苑，原名龙泉青瓷宝剑园区，位于市区龙渊镇（街道）所在地，坐落于当年欧冶子铸造"龙渊"剑的秦溪山畔，始建于 2000 年，占地面积 188 亩，集聚了当时龙泉市绝大部分的青瓷宝剑企业，是 1998 年市委提出实施"二次创业"发展战略后，政府第一个上马的文化产业项目，被誉为现代龙泉青瓷、宝剑文化产业的高地。

　　建设的背景：到 1997 年底，龙泉瓷器上垟瓷厂等五个瓷厂和龙泉青瓷研究所（简称"五厂一所"），连年亏损，资不抵债，逐一宣告改组和破产，2000 多名在职员工被砸了饭碗。当时一些刚转型的青瓷宝剑厂家的实际情况令人觉得很是心酸。这些青瓷作坊投产规模小，资金严重不足，产品无销路，产房无着落，条件十分简陋。记忆犹新的一次是笔者随当时的市委办主任去夏侯文大师的加工车间参观，那是 1999 年的初夏，看他穿着一件背心在油毛毡棚下做青瓷，交谈中了解到他做出来的青瓷也卖不掉，更没有钱去园区报名办厂。一个知名的国家级大师的工作条件都如此寒酸，更何况普通职工呢！由此，政府在决策中特别强调在土地、信贷、设施配套等方面，要给这些青瓷宝剑艺人要有特殊的政策倾斜，要帮助他们走出去寻找商机，尽快摆脱困境。

　　1999 年 11 月，青瓷宝剑园区办公室委托浙江省轻纺建筑设计院提

青瓷宝剑苑（黄国勇 摄）

出了"龙泉青瓷宝剑园区"的初步规划，并按市委市政府提出的"将青瓷宝剑园区建设成为集生产、销售、科研、旅游观光于一体的综合性园区"的要求，规划在龙泉南大洋沿剑池西路路边建设一个呈"L"型的前店后厂的青瓷宝剑园区，规划分两期进行，一期工程于1999年底开工建设，到2001年底入园企业36家。其中青瓷企业14家，宝剑企业22家。到2002年6月，近80%的企业建成投产。

为了进一步加快园区的建设步伐，形成集聚效应，二期工程在全市范围内进行了广泛的宣传和动员，对青瓷宝剑生产作坊逐一上门调查摸底。由于当时龙泉经济欠发达，青瓷宝剑生产大多数属于家庭作坊形式，因此多数厂家对入园设厂，发展生产都存在顾虑。一是企业资金不足，二是感到土地昂贵，三是对销路和发展前景担忧，所以企业报名入园的积极性不高。为了解决企业的实际困难，打消顾虑，园区对入园的企业采取了先入园建设，逐步缴纳土地款的分期付款方式，

龙泉青瓷小镇（一心 摄）

此举调动了企业入园的积极性。二期入园企业达到了53家，其中有以国家级青瓷大师毛正聪为代表的一批生产工艺品的青瓷艺人、以金逸林为代表的一批生产日用瓷和高档包装青瓷的工匠进入园区，同时宝剑行业以陈阿金为代表的一大批宝剑生产者也相继进入青瓷宝剑园区。

另一方面，青瓷宝剑园区管委会积极努力加快园区内的道路建设和供排水、排污管道、供配电、弱电等一系列配套基础设施建设速度，同时为各家企业提供设计、放样、报批等各方面的服务，及时解决企业建设过程中的各种困难、矛盾和纠纷，使园区建设顺利开展，并于2004年底相继完成，逐步走上正常生产和不断发展壮大的轨道。

在建设的同时，园区按照旅游兴市的要求在青瓷宝剑园区内建设中心花园，安装古代青瓷老祖宗——章生一、章生二的雕像和象征宝剑生产的雕塑，周围种植名贵花木，并设置休息石凳等服务设施。

2007年9月，龙泉青瓷宝剑园区更名为龙泉青瓷宝剑苑，真正成了一个青瓷宝剑文化之苑。如今，青瓷宝剑苑已成为龙泉当地集青瓷宝剑生产基地和文化旅游观光购物于一体的景点。

二、披云青瓷文化园

披云青瓷文化园，又名中国青瓷小镇·披云青瓷文化园，位于上垟镇，这里原先是国有龙泉青瓷总厂的所在地。国有厂倒闭后，人们把它重新设计成了一个青瓷文化园。经过一条主街进入文化园的大门，园内老厂的三个高大的烟囱仍然耸立，辅以精巧的翻新设计和漂亮的瓷器展示，颇有历史感。游人可在此了解青瓷的历史、体验青瓷的制作过程，可以说是一个颇有特色的青瓷博物馆。文化园内分为游览区、体验区、休闲区三部分：游览区内以参观为主，有瓷之国、瓷之史、瓷之旅等多个展示馆，展示青瓷的文化和制作工艺。体验区可以自己亲手制作瓷器，旁边会有工艺人员指点你如何拉胚。做好的瓷胚可以交给园内工厂烧制，他们会把成品邮寄给你，这是很有意义的旅行纪念品。休闲区的披云山庄可以住宿，里面的装饰透着浓浓的民居味道，喜欢瓷文化的朋友不妨在此静静住上一天。旅程结束后，可在镇上买些青瓷礼品，送给亲朋好友。

上垟，这个深藏于浙西南山坳里的秀美古镇，山灵水秀，景色旖旎，人文底蕴深厚。镇上的古埠头、古龙窑、古石桥和古樟树，无不展现其自然古朴的山乡风貌。街道两旁楼房的主人大多以制瓷为生。粗略一数，除天丰、昌宏、曾芹记等较大规模生产包装瓷或艺术瓷的厂家外，各类手工作坊大约有40余家，有的制瓷艺人烧造的仿古青瓷，几可乱真，堪称极品。

镇东的源底村，粉墙黛瓦，雕梁画栋，尽显浙派山乡建筑特色，是龙泉清朝、民国古民居之典范，文人称誉为"白云深处仙境，桃花

上垟瓷厂（一心 摄）

源里人家"。如诗如画，自然生态得天独厚。南宋著名政治家、正二品副相真德秀（1178—1235），生于上垟古镇。诗人叶绍翁与真德秀"过从甚密"，常聚在一起畅游家乡山水。叶绍翁也因此写下了"春色满园关不住，一枝红杏出墙来"这一千古传颂的龙泉山水诗。

风光了40年的国有龙泉瓷厂，以出产"龙泉牌"青瓷而享誉中外。成百上千的瓷厂工人生活、工作在这儿，生产景象一派红火，所产青瓷畅销海内外并屡屡获奖，吸引了众多社会名流、政界人士和国际友人。龙泉瓷厂1997年改制停产，现在，高耸入云的三根大烟囱依然矗立在那儿，仿佛无声地讲述着龙泉瓷厂昔日的辉煌和传奇的故事……

时光荏苒，记忆永存！改制虽有刮骨之痛，龙泉青瓷却如凤凰涅槃，浴火重生，迎来了第二春。为传承并弘扬龙泉青瓷1700余年窑火不断、生生不息的历史文化和龙泉瓷厂精神，今日该处已然重金雕琢成焕然一新的"披云青瓷文化园"。漫步园内，颇具创意的"青瓷寻踪"剧场尤为吸引人的眼球。

青瓷寻踪，解密未知。剧场各大厅，通过图文介绍、人物雕像与陶瓷展示，以及不易寻觅到的古典家居巧妙地陈设布置，演绎了历朝历代龙泉青瓷的发展史，展现了青瓷文化正能量，真正凸显漫漫青瓷之路的主旨，让游客宛若有穿越千年时空之感。

"百年龙泉"展馆，展示了近现代龙泉青瓷不可多得的艺术精品和龙泉瓷厂艰苦创业的厂史。艺术之妙，存乎一心。飞檐翘角的披云山庄大厅里傲然挺立的千年香樟、青瓷大师小庭院里花朵盛开的金桂、挂满果实的柿树、"天下青瓷"巨石边的景观鱼池、依依杨柳，还有鉴真青瓷工作室、青瓷景观墙等，无一不倾注着文化园主人的滴滴心血。他们用温润的艺术诠释了青瓷艺人对家乡文化的情怀。

古镇上的居民过着闲适恬淡的"慢"生活。制瓷艺人终日与泥土为伴，虽赚钱不多，但他们不求奢华，知足常乐。穿镇而过的蜿蜒小溪终年潺潺流淌，汇入瓯江，流向大海。祖祖辈辈栖居于此的小镇人，都是喝着这条溪水长大的。充溢着灵气的连绵群山，松涛拂耳，竹海泛波；散落其间的棵棵古树，树枝摇曳，鸟儿绕树而飞，鸣声清脆。大自然造就了极致的景色。这千年古镇的乡村美景与山野之趣，久居都市的人是难以领略到的。

傍晚时分，村舍上空炊烟袅袅，"隐隐烟村闻犬吠"。在青瓷文化园和昌宏、天丰等瓷厂下班的本地小伙子和姑娘们，一路欢声，一路笑语，欢乐声回响在这四季飘香的迷人夜色中。

三、大窑龙泉窑遗址公园

大窑龙泉窑遗址位于龙泉市小梅镇、查田镇，境内遗址保护范围约 511.9 公顷，青瓷窑址 126 处，分布在小梅镇的金村、高际头村、大窑村、垟岙头村以及查田镇的溪口村、上墩村。1988 年，大窑龙泉窑遗址被国务院公布为全国第三批重点文物保护单位。

大窑至金村的古道起于大窑村枫洞岩，途径岙底亭、金砖铺地、陈万里故居、安清社殿、管家大屋、十里亭、九思亭、林坳社殿，止于金村码头，俗称官道，集路、桥、亭于一体，穿越在群山环抱中。古道路面宽约 1 米，长约 4.5 千米，主要由鹅卵石铺设而成，保存较好，沿用至今。古道是各窑区、村落与溪流码头之间的纽带，在龙泉青瓷发展史上具有重要作用。青瓷通过古道被源源不断地运输至各溪流码头，再通过水路运至温州、泉州等海运码头，走向世界。金村是龙泉窑的核心产区，从宋代到明代，这里出产的龙泉青瓷一直作为大宗商品，

大窑龙泉窑遗址（黄国勇 摄）

通过陆路和海路出口到亚非欧三大洲的 50 多个国家，是中国与世界各地文化交流和礼尚往来的"海上青瓷之路"的标志点。

大窑龙泉窑遗址是一座青瓷文化的历史殿堂，真实直观地展现了龙泉窑系的发展演变历程，是研究龙泉青瓷历史和考据"哥窑"重要的实物依据。该遗址具有窑场遗存与自然环境相互结合而成的独特遗址景观，既有优美的田园自然风光，又有沧桑的历史感，具有独特的审美艺术情趣。

村民们谈起古窑址倍感自豪。一次次一批批的中外游人来到大窑，在一座座一个个古窑址前，他们双手合十顶礼膜拜，这湮没在荒郊野岭中的古窑址，竟成了朝圣之地。这让村民们亲身感受到自己的祖先是了不起的伟大艺术家，他们在这个远离喧嚣、远离尘世的山岙中创造出了世界奇迹！

大窑自古以来就有"三涧一溪，十八桥三十六碓，琉田八美景"之誉。

这里有茂密的山林和丰富的瓷土矿，以及山谷间纵横交错的山涧水系，为窑业的发展提供了良好的自然条件，创造出了龙泉窑的辉煌。1988 年被国务院列为全国重点文物保护单位的大窑古窑址，就在琉华山脚下。

到龙泉看青瓷，学青瓷，研究青瓷，不去大窑是遗憾的，因为这里浓缩了龙泉青瓷的全部历史，还藏有龙泉青瓷世界的秘密，包括兴旺时的愉悦和败落时的悲伤。

这里有中国近代享誉世界的陶瓷专家、故宫博物院研究员陈万里"九下龙泉、八上大窑"的感人故事。据《龙泉县志》记载：1928 年5 月，陈万里首次做龙泉窑考古调查。他曾经八次到龙泉大窑，对这一带的窑址进行实地考察，最后在大窑写成了中国第一部田野考察报告《瓷器与浙江》，这本旷世之作确定了浙江瓷器的地位，尤其确定了龙泉窑的地位，引起了世界的关注，也奠定了他本人的学术地位。

龙泉市始终坚持在发展中保护、在保护中发展，不遗余力发扬光大龙泉青瓷文化。2013 年，大窑龙泉窑考古遗址公园入选首批省级考古遗址公园。2016 年，大窑—金村遗址成功入选"海上丝绸之路中国史迹"世界文化遗产申报名单。2017 年 12 月，大窑龙泉窑考古遗址公园入选第三批国家考古遗址公园。遗址公园规划占地面积 9.74 平方千米，总投资 4.5 亿元，建设内容包括遗址保护区、游客服务中心、遗址展示博物馆等。公园以大窑龙泉窑遗址为依托，集遗址文化景观、传统聚落景观、乡土农业景观、生态野趣景观于一体，具有遗址保护、科学研究、教育展示、文化传承、艺术创意、旅游休憩等多种功能。

龙泉把大窑龙泉窑遗址公园作为推动青瓷文化"深化、物化、转化"的重要平台，并积极探索"生态 +""文化 +""旅游 +"等新模式，努力把遗址公园打造成国际知名、国内一流的"海上青瓷之路"新亮点、青瓷文化研讨目的地，重现"青瓷之路——开放之路"的辉煌，让世界更好认识中国文化，不断提升龙泉青瓷文化的世界影响力与美誉度。

青瓷邮票

清雅瓷魂
QINGYA CIHUN

龙泉青瓷邮票发行仪式，于1998年和2002年分别在龙泉举行。

一、《中国陶瓷——龙泉窑瓷器》特种邮票发行

1998年10月13日上午，秋高气爽，阳光灿烂，《中国陶瓷——龙泉窑瓷器》特种邮票首发仪式在龙泉市体育场隆重举行。

龙泉青瓷邮票图（朱志敏 摄）

《中国陶瓷——龙泉窑瓷器》特种邮票的发行，反映了中国陶瓷艺术悠久灿烂的历史，显示了龙泉青瓷在中国陶瓷史上的独特地位，对促进龙泉青瓷的发展有着重要的积极意义。全国人大委员长乔石为龙泉青瓷邮票题词：“继承民族优秀传统，弘扬龙泉青瓷文化。”全国人大常委会副委员长雷洁琼

为龙泉青瓷邮票纪念册写序。全国著名书法家赵朴初为龙泉青瓷邮票纪念册题写书名，并题词"龙泉青瓷国之瑰宝"。

首次提出青瓷邮票发行的是时任全国政协委员、浙江省高级工程师的叶宏明，他在全国政协第八届二次会议上撰写了"建议将龙泉青瓷列入国家邮票发行计划"的提案，引起国家邮电部的重视。

随后，龙泉青瓷上邮票器物鉴定专家组成立。专家组成员由时任浙江省考古研究所所长朱伯谦、上海博物馆研究员汪庆正、中国社科院考古研究所研究员李德全、故宫博物院研究员王莉英和李辉炳等组成，并由他们向国家邮电部上报了关于龙泉窑青瓷上邮票器物鉴选意见。

其时的鉴选意见如下：龙泉窑是我国的历史名窑，是青瓷文化史上的一朵奇葩，它的先进制瓷工艺传播广泛，在历史上和当代对国内外青瓷手工业的发展起了很大的促进作用。龙泉青瓷器形稳重端庄，艺术造诣很高。梅子青釉青翠透明似翡翠，粉青釉淡雅柔和如美玉。特别是南宋至元代把我国的青瓷工艺推向了前所未有的高峰，在国际上被赞誉为"世界最佳者"。

龙泉窑青瓷邮票器物鉴选专家组组长朱伯谦和上海博物馆、中国科学院、北京故宫博物馆以及邮政部等有关专家、学者一行来龙泉考察龙泉窑青瓷和检查申报工作进度。他们在龙泉期间充分听取了申报工作汇报，反复审阅了为选题准备的几百幅古代龙泉青瓷照片。最后确定了龙泉窑青瓷邮票一套（四枚），展示的四件龙泉窑瓷器即北宋五管瓶、南宋凤耳瓶、元葫芦瓶和明刻花三果执壶。

北宋五管瓶

北宋龙泉窑青瓷——五管瓶
（朱志敏 摄）

图案选用了北宋时期龙泉窑生产的一件瓷器"五管瓶"。瓶高39.5厘米，口径8.2厘米，足径9.5厘米，系国家一级文物，出土于浙江龙泉市查田镇墩头村，现藏于龙泉市博物馆。画面中的这件五管瓶，釉色呈淡青色，晶莹光洁，直口、圆肩、深腹、肩缘安装荷茎状的五管，寓意风调雨顺，五谷丰登。

瓶盖为三层结构：上层为出水荷叶状，荷叶中央为花蕾形盖纽；中层为复莲，蒂部成莲池，池四周布四只小鸭戏水，其中两只嘴衔小鱼，另两只作觅食之态；下层为双重浮雕莲瓣，瓣面下垂，瓣脊凸起。五管瓶整体造型生动，雕刻精细，妙趣横生，标志着北宋中晚期龙泉窑青瓷造型已经比较精美，烧制技术也已达到较高水平。

南宋凤耳瓶

图案选用了南宋时期龙泉窑生产的一件瓷器"凤耳瓶"。瓶高26.5厘米，口径10.3厘米，足径10厘米，系国宝级文物，1983年从浙江松阳县出土，现藏于松阳县

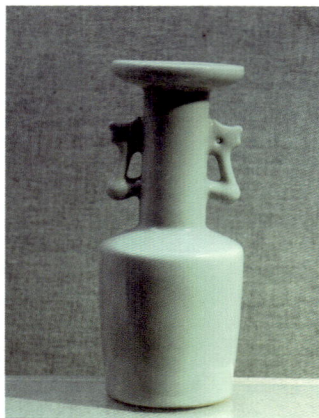

南宋龙泉窑青瓷——凤耳瓶（朱志敏 摄）

博物馆。画面中的这件凤耳瓶，浅盘口，筒形长颈，颈两侧装凤耳，施豆青色釉，造型典雅大方，不落俗套。凤耳瓶的最大特点是釉色青翠如玉，光泽柔和，非一般釉色可比，为龙泉青瓷之稀有珍品。

元葫芦瓶

图案选用了元代龙泉窑生产的一件瓷器"葫芦瓶"。瓶高 30 厘米，口径 4.4 厘米，足径 7.5 厘米。系国家一级文物，1984 年 3 月在浙江青田县窑址出土，现藏于青田县文物管理委员会。该瓶由两截黏合而成，其形为上小下大的束腰式葫芦，造型新颖别致，端庄而又不失滋润，下腹部釉面有开片，外底有两层装饰，圈足无釉，呈朱红色。

元代龙泉窑青瓷——葫芦瓶（朱志敏 摄）

明刻花三果执壶

图案选用了明代龙泉窑生产的一件瓷器"刻花三果执壶"。壶高 33 厘米，口径 8.3 厘米，系国家一级文物，现藏于北京故宫博物院。

明代龙泉窑青瓷——执壶（朱志敏 摄）

执壶为盛酒用具。瓯江流域农家向来有冬时酿酒榨糖的习俗，冬时天寒，冷酒难入口，将加热后的黄酒置入壶内斟酌，可起保温作用。刻花三果执壶施豆青釉，造型匀称美观，秀丽的长流（弯曲的壶嘴）配以圆润的曲柄，既有对称的美感，又从整体上给人以动态的变化。流与壶颈以云形横片相连，壶身刻花装饰，颈部刻蕉叶纹，腹部两面刻枇杷果。枇杷果为明永乐、宣德时期龙泉青瓷常用的装饰图案，寓意多子多福，吉祥太平。

二、龙泉青瓷个性化邮票发行

2002 年 10 月，为迎接全国第七届陶瓷艺术设计创新评比大会暨龙泉青瓷节的胜利举办，由龙泉市邮政局策划、经国家邮电部批准，在"龙泉窑瓷器"特种邮票发行的基础上，又发行了"龙泉青瓷个性化邮票"一套 16 枚。

哥弟混合三环瓶

创作者徐朝兴，系中国工艺美术大师。作品整个造型设计为透空环形，口肩部配置二只耳环，在工艺上采用洒浆法，突破了哥窑、弟窑历来不能混合制作的传统，把哥窑泥与弟窑泥有机地结合在一起，瓷器经1310℃的高温烧制而成。作品简洁大方、自然质朴，既有哥窑釉裂纹片的青灰淡雅、色泽变幻，又有弟窑的釉色丰润，晶莹如玉。这种极富文化内涵的装饰手法，让釉色和形态诠释了传统，又超越了传统。在发扬传统青瓷菁华的同时，拓宽了青瓷的美学范畴，深化了陶瓷文化的内涵。"哥弟混合三环瓶"为中国工艺美术馆珍宝馆藏品。[1]

梅瓶

创作者是毛正聪和毛一珍，毛正聪系中国工艺美术大师。他敢于创新，破解了千年绝密的龙泉青瓷釉料配制秘方，采用地产矿多元配制釉料技艺，多次施釉，烧制出纯正的梅子青、粉青、铁胎哥窑青瓷。该作品将"含蓄、内敛、坚韧"的中华民族特性融入其中，整体造型简洁、典雅大气，釉面的圆点错落有致，似玉非玉，仿若镶满珍珠，温润澄净，釉层丰厚，工艺精细，

毛正聪与毛一珍创制的青瓷作品——梅瓶

---

[1]　梨白：《徐氏"跳刀"独步武林》，《浙江工艺美术》2021年第2期。

彰显出厚重、素雅、浑朴的艺术风格，代表着当代龙泉青瓷的杰出艺术创作水平。"梅瓶"作品被北京人民大会堂收藏陈列。

梅子青双鱼洗

创作者夏侯文，系中国工艺美术大师。他最喜欢用的装饰元素是鱼，有鲇鱼、鳜鱼、红鲤鱼，最有特色的是"瓯江彩鲤"，其被运用在不少器形上，静态的、跳跃的，动静相宜，形象逼真，被称为"夏侯鱼"。最让人欣赏的是"瓯江彩鲤"盘，该盘用彩绘法在素烧的盘中画上彩色鲤鱼和水草，盘周边刻花装饰 26 莲瓣纹，再吹上一层梅子青釉，把釉下彩工艺与青瓷刻花相结合。青翠如玉的瓷盘衬托出红艳的彩鲤，极具视觉效果。作品强调局部图案装饰效果，使龙泉青瓷在继承了前人古朴凝重的风格基础上向隽永精巧的现代艺术延伸。"梅子青双鱼洗"作品经国务院收藏并定为国礼馈赠外国元首，中国历史博物馆将其鉴定为世纪陶瓷经典。

冰裂双耳洗

创作者叶小春，系中国陶瓷艺术大师。他经过整整五年的苦心研制，让失传近千年的哥窑珍品"冰裂纹"重现于世，使这千年古瓷重放异彩。

冰裂双耳洗作品器形规整大方，线条流畅。外壁釉色青翠，似玉非玉的釉面上遍布大小不一的冰裂纹，给人一种隐约听到开片声音的错觉。哥窑"冰裂纹"技术研究入选浙江省重点技术创新项目，其产品的制作方法获国家发明专利，叶小春由此成为龙泉青瓷获得国家创造发明专利第一人。"冰裂双耳洗"作品获第三届中国工艺美术精品展银奖，被中南海紫光阁永久收藏。

冬的思绪

创作者卢伟孙，系中国陶瓷艺术大师。他沉浸在"绞泥"的创作状态中，他的作品有江南水乡的韵味和山水意境。他觉得自己生活的环境就如雨后天晴起云雾，这些实景带给他灵感。其作品的"中国式"田园风格渐成，器形单纯、简洁，釉色清雅古淡，深得自然之味。"冬的思绪"作品荣获"第五届全国陶瓷艺术设计创新评比"一等奖，同时被编入《中国现代美术全集（陶瓷卷）》。

哥弟云鹤梅瓶

创作者徐定昌，系中国陶瓷艺术大师。他的作品在哥窑与弟窑的结合上再创新工艺，哥窑是黑胎青瓷，弟窑是白胎青瓷；哥窑有开片，弟窑无开片；哥窑以纹贵，弟窑以无纹贵。而青色釉为其共同的特征，如何在统一的青色中创出合宜的形式，便是龙泉青瓷的"当代性"追求所向了。"哥弟结合"的工艺已经是与哥窑和弟窑并列的第三种青瓷制作工艺了，作品的"当代性"由此得到了彰显。[①]"哥弟云鹤梅瓶"作品被中南海紫光阁收藏。

"月明风清"系列作品

创作者胡兆雄，系中国工艺美术大师。他在继承传统工艺的基础

胡兆雄青瓷作品——月明风清

上锐意创新，不仅在青瓷堆花、青瓷点彩、哥弟混合、色泥绞胎、大花瓶制作等工艺技术上有提升，还自主研发了着色稳定、色泽温润的梅子青、粉青等名贵青釉的独特釉料配方。[②]尤其是他的釉色调制、色泥绞胎和浮雕等工艺都极其精湛。其作品大气古朴、晶莹温润，如凝脂碧水般富有生气，仿佛在一个月明风清的晚上散散步，可以体会到一种超越喧嚣凡尘的快乐。"月明风清"系列作品被国内外著名博物馆永久收藏。

---

① 毛丹峰：《从哥弟结合看龙泉青瓷的当代性》，《丽水学院学报》2011 年第 4 期。
② 钟佩铭：《龙泉青瓷界最年轻的中国工艺美术大师胡兆雄》，《陶瓷科学与艺术》2018 年第 10 期。

活环龙狮吐雾熏炉

创作者毛松林（1938—2007），1963年毕业于景德镇陶瓷学院美术系，省工艺美术大师。1976年创办龙泉青瓷研究所，任首任青瓷研究所所长。1982年，他创作的45头金鱼西餐具获全国陶瓷评比一等奖。兽环瓶、蹲狮熏炉等一批作品，均端庄古朴、优雅大方、独具匠心、别具一格。其制作工艺、技术达到了当代国际水平。"活环龙狮吐雾熏炉"作品，以《穆天子传》中所描述的神兽为背景，形如狮，喜烟好坐，所以形象一般出现在香炉上，随之吞烟吐雾。该作品被北京人民大会堂和日本静岗博物馆珍藏。

毛松林青瓷作品——活环龙狮吐雾熏炉

富贵牡丹跳刀纹盘

创作者陈爱明，系中国陶瓷艺术大师。他致力于青瓷艺术的创新与推广，作品审美上追求平和、含蓄，技法上力求精湛、完美，他将"跳刀纹"装饰、"印叶纹"装饰以及灰釉、茶叶末釉在青瓷中结合运用，形成了独特的个人艺术风格。"盛世牡丹""秋到龙泉""芦歌""秋韵""遥远的记忆""清凉"等十余件系列作品在国际、国内展会中获金、银、特等大奖。"富贵牡丹跳刀纹盘""泉"作品被中南海紫光阁收藏。

生命之源

创作者李成汉，1962 年出生于龙泉市宝溪乡青瓷世家，是家族青瓷制作技艺的第四代传人，也是浙江省工艺美术大师和省首届陶瓷艺术大师，非物质文化青瓷烧制技艺代表性"传承人"。他青少年时就把设计、拉坯、修坯、釉料配方、上釉、烧成都学了个遍，18 岁进入青瓷研究所。其"生命之源"作品获第二届西湖博览会银奖。

象耳牡丹瓶

创作者陈华，系中国陶瓷设计艺术大师。他擅长设计挂盘和大花瓶领域的创新器形，得意之作"枝丫盖罐"，因顶部枯树枝造型得名，粉色青瓷与灰色枯枝形成对比，相映相衬，让人在静止的瓷器中读出生命的意蕴。作品"象耳牡丹瓶"被中南海紫光阁陈列收藏。

千峰争秀

创作者陈显林（又名陈善林）、杨建琴，陈显林系中国陶瓷艺术大师。他研究设计的薄胎青瓷，具有瓷胎既薄又透的特点，轻轻敲击声音非常悦耳，为古老的龙泉青瓷注入了灵动的元素，给人的第一感觉有一种春天般的气息，在现代青瓷作品中别具风味。作品"千峰争秀"被中南海紫光阁收藏。

飞来峰十八罗汉

创作者梅红玲、周方武，梅红玲系浙江省工艺美术大师。她潜心青瓷新产品的研究、开发和制作，作品"故乡的云"在第三届中国工艺美术精品展会上获中国工艺美术金奖，"大漠秋恩"获"首届（杭州）国际民间和艺品展览会"银奖，"春色"获2002杭州民间手工艺品博览会金奖，作品"牡丹"曾获第七届全国陶瓷艺术创新评比餐具获一等奖。作品"飞来峰十八罗汉"被中南海紫光阁收藏。

梅红玲　周方武作品——
飞来峰十八罗汉

荷薰

创作者叶真，系丽水市工艺美术师。"荷薰"借鉴宋瓷，采用莲瓣刻花，烟绿色高温釉，层层纹路规整清晰，古朴深沉，素雅简洁，被中南海紫光阁收藏。

金丝铁线玉壶春瓶

创作者王文宾，系浙江省工艺美术大师。"金丝铁线玉壶春瓶"是他的得意之作，釉色厚润犹如凝脂，色泽米黄，宝光内蕴，周身纹片致密，深者呈紫褐色，浅者则为金黄色，大小纹片相间，遂成典雅美观的"金丝铁线"。作品被中南海紫光阁收藏。

长耳凤尾瓶

创作者陈少青，系丽水市工艺美术大师。凤尾瓶器形从宋代就有了，整体造型如凤翎，口部呈喇叭式，粗长颈、斜弧肩，器身最大径约28厘米，高38厘米，肩腹处以下微弧内敛，底足微微外撇。是厅堂花器，也是寺院供器，既见于民间窖藏，亦见于宫廷收藏。作品被中南海紫光阁收藏。

工艺创新

清雅瓷魂 QINGYA CIHUN

一件青瓷作品的研制成功,无论大小、色彩、造型如何,无论古代、近代、当代或将来,都要经历一道道复杂的工序,而且哪一道都不能少,包括龙窑选址、窑具坯件、选料配釉、造型装饰、烧制技艺、出瓷包装等。一个青瓷需经历粉碎、淘洗、陈腐、练泥、成型、晾干、修坯、装饰、素烧、上釉、装匣、装窑、烧成等十多道工序。这一道道工序经过1700多年来的探索磨炼和传承革新,由繁入简、由简至深、由粗入细、由细至雅,不断演变,逐渐形成了独特的青瓷烧制技艺。

一、原料工艺的革新

明代陆容《菽园杂记》记载:"青瓷初出刘田(即琉田,今龙泉大窑村)去县六十里……泥则取于窑之近地,其他处皆不及,釉则取诸山中,蓄木叶烧成灰,并白石末澄取细者,合而为釉。"叙述虽极简略,但可以分析得知古代龙泉青瓷在窑场近地就可取得优良而丰富的瓷土资源和釉料资源,之所以龙泉窑之源在大窑取决于瓷土,优良而又丰富的坯料和釉料资源是发展青瓷的基本条件。

古代的原料加工方法较为粗糙,青瓷坯料颗粒不匀,含铁质、杂质较多,可塑性低,致使部分青瓷质量差、产量不高。现代青瓷原料采用半机械化加工,科学合理的生产加工程序,从而大大提高了原料

原料加工（朱志敏 摄）

的加工数量和质量，降低了劳动强度，提高了劳动效率和瓷土矿原料的回收率。

现代坯料加工工艺实行半机械化加工的程序为：瓷土—大石锚粉碎—球磨—配料—淘洗—过滤—练泥—陈腐—精坯。

釉料是决定青瓷产品质量的关健。原先，龙泉青瓷釉料加工工艺沿用传统的方法，把釉土、紫金土、石英等原料在窑内煅烧，后经水碓或石擂粉碎，再过筛、淘洗、浓缩后，弃去40%左右的淘渣，再分别测定精料比重，采取配浆法，最后人工挑入球磨机混合加工成水釉。原料经过淘洗，必须采用湿法配方，但有些原料如石英极易沉淀，有些原料如石灰石、紫金土等浓度又极易变化，要严格控制精料比重十分困难。淘洗系人工操作，精料粒度和淘渣率均不易控制，致使釉料细度和化学成份不易稳定，同时淘洗后的残渣成为工业废料，浪费资源、

159

污染环境。[①]

1977 年，龙泉瓷厂燧道窑生产规模扩大，泥料、釉料用量激增，传统方法加工的水釉在数量上和质量上都满足不了要求。为适应青瓷生产发展的需求，龙泉青瓷工厂进行釉料生产工艺改革，调整原青釉配方，采用干粉配料，球磨机加工的生产工艺。革新后的青釉生产工艺配比准确，釉料细度得到控制，达到良好效果。改革生产工艺之后，釉料配比质量提高，釉料产量提升三分之一；简化了淘洗、沉淀、过筛三道工序，节省了原料车间占地面积；减轻了劳动强度，节省了劳动力；百分百利用了矿山资源，减少了资源浪费，减少了环境污染；降低了釉料生产成本，提高了经济效益。这一革新后的加工工艺，从 1977 年 10 月沿用至今已有 40 多年。

二、成型工艺的革新

《菽园杂记》有载："大率取泥贵细，合油贵精，匠作先以钧运成器或模范成形，侯泥干则蘸釉涂饰"成型工艺主要有钧运（即转轮）、手拉坯（即辘轳）和"模范"（即模型）几种方法。陈万里《瓷器与浙江》一书中有描写："我看见他们做碗，两只脚蹬住一个圆转机，将模型放在机上，握一把泥，两手先在模型的底部，按坚实了然后右脚蹬此园转机，使它急速旋转，此时模型内底部的泥，渐次随着旋转而层层均匀铺在模型的全部。溢出在模型外的余泥，把它刮去，中间穿一个孔，

---

① 王成武：《龙泉青瓷发展现状研究》，中国美术学院硕士论文。

为的是排气泡，最后用一块皮，将内部轻轻地按刮一下，就算成功了。手工纯巧的做得很快，等到做到第十二或十六个的时候，就依次脱出模型，只须在旁边吹一下，四面就同时分离，一合即出，此时的泥还是湿的，就放在板上晾干。等到干了再要磨底，于是画花、上釉，预备去烧，大概做法如此。"[①]

上述记载的成型方法除瓶、罐、鼎、炉上的飞禽走兽采用刻划花、堆贴花、印花和镂雕等技法外，基本上反映了古代青瓷的传统工艺操作方法。而古代龙泉青瓷在艺术上的巨大成就除胎、釉配方的因素外，在生产工艺方面其丰富的经验和高超的技巧在历史文献中记载甚少。

现代青瓷成型工艺逐步改为机械压模和注浆法或是手工拉坯压坯成型：将石膏模置于压坯机上，压制盘、碗、杯、碟等大宗日用瓷。注浆成型：利用石膏模吸收水份的特性，将泥浆注入预制的模型内，使泥浆中分散的颗粒附于模型上而形成一层均匀的泥层，时间延长，泥层增厚，按不同产品确定所需厚度，将多余泥浆倒出，待泥层水份被石膏模吸收，石膏硬化、体积收缩后脱模，得半成品泥坯。此法主要用于制作壶类、瓶类、人物类产品。对易于变型的产品则采用高压注浆法。器物外饰的花鸟、龙凤、手柄、脚、垫等则先压模成型，而后粘接。毛坯整修由人工或半机械方式修坯，使器形更趋均匀、光洁和端正。手工拉坯是古人一代一代传下来的，将泥堆在机车上，以双手将泥料上、下反复拉压，巧妙地排出泥料中的气体，然后用右手食指拇指左手掌住右手，将泥料拉开成型。干燥后精坯则是手工拉坯使坯体密实，不变形，最有收藏价值。70 年代后，对大宗日用瓷碗、盘等采用压坯、干燥一次成型的链式烘干机生产流水线作业，施釉方法

---

① 周江、张福康、郑永圃：《龙泉历代青瓷烧制工艺的科学总结》，《考古学报》1973 年第 1 期。

烧制青瓷的自动化控制台（朱志敏 摄）

采用浓缩釉，改重复施釉为一次施釉。

青瓷产品较白瓷胎厚、釉厚，须增加一道素烧工序。青瓷的素烧方法是将未上釉而经干燥后的半成品放在园形烘炉内加热到500—600℃左右，然后冷却至室温。实践证明，未经素烧的坯体，干燥强度不大，吸水性不强，致釉层不易上厚，影响青瓷釉固有的风格；或者虽得到厚釉制品，但在烧成后往往发生跳釉及流釉现象。素烧工艺使产品克服了上述缺点，且制品强度增大，吸水率强，釉上得厚。现在青瓷产品改薄胎薄釉后，可以不经素烧而直接入窑。

在陶瓷生产工艺过程中，瓷碗修坯（挖底）工序在技术操作上较难掌握，长期手工操作，不仅产量低，质量差而且劳动强度大，产品规格不统一。龙泉瓷厂技术人员于1965年研制成功了全国第一台半自动双刀循环瓷碗修坯机，这一发明在杭州展览会上展出四个月，向全国陶瓷行业作推广。之后十多年来，还研制成功往复式活动压坯刀架、彩绘操作转送带、电动磨光机、修瓶口用刀架等，大大降低了劳动强度，提高了工作效率。

三、烧瓷工艺的革新

烧瓷是生产中的最后一道工序，也是决定产品质量的最后一关，青瓷比一般陶瓷难烧。《菽园杂记》中描述古代烧窑时提到"用泥筒盛之，置诸窑内，端正排定，用柴条日夜烧变，俟火色红焰，无烟，即以泥

青瓷液化气窑（黄国勇 摄）

封闭火力，俟火气绝而后启"。龙窑均依靠山坡地形而建，长度不等，分燃烧室、烧成室和烟囱三部分，其结构简单，造价低廉，热利用率高，但从青瓷烧成工艺的要求衡量这一方式存在的缺陷有：劳动条件差、强度大，烧成曲线不易控制，窑内火焰属于平流致使窑头窑尾温差大，产品釉色难统一，烧成气温波动大难于掌握。

1959 年，龙泉瓷厂设计新建了一座 16 立方米的倒焰窑，亦名"国庆窑"，首次改柴烧为煤烧。之后又建造了 48 立方米的柴煤两用园窑四座，改烧煤后，燃料消耗下降 60%，青瓷一级品率提高 40%，青瓷出青率达到 90%。1971 年开始建造长 65 米的煤烧隧道窑（称一号窑），1982 年新建 76 米长的煤烧隧道窑（称二号窑），沿烧时间长达 20 多年，青瓷一级品率由原龙窑的 60% 提高到 70% 以上。后吸收福建德化经验，新建两条小载面油烧隧道窑，青瓷产品合格率再次大幅度提高，一级品率高达 80% 至 90%。为提高青瓷产品的档次，减轻劳动强度，消除环境污染，龙泉青瓷研究所于 1993 年引进一座 1 立方米的液化气窑，青瓷成品合格率达到 90% 以上，是烧制高档青瓷的理想窑具。当今龙泉所有瓷厂都采用液化气窑，青瓷成品合格率几乎达到 100%。

四、装饰工艺的革新

龙泉青瓷装饰造型艺术随着朝代更替不断变化。五代早期，龙泉青瓷多受越窑影响，瓷胎比较厚重，淘练不纯，釉层很薄，釉色多青中泛黄。到北宋中期，龙泉青瓷的工艺已稳步进入制瓷行业的前列，并吸收了北方制瓷的工艺技术，龙泉青瓷的釉色上了一个层次。同时，增加了许多品种，如胆瓶、直颈瓶、鹅颈瓶、盖瓶、盖罐等。这些器物造型已独具南方靓丽秀致的艺术风格。

南宋时期，龙泉青瓷首先在胎质和釉色方面有了显著改进，改石灰釉为石灰碱釉，由原厚胎薄釉变为薄胎厚釉，不仅在原料、成型、上釉等烧制工艺上加以改革，而且在造型、纹饰艺术手法上下功夫。首先突出一个"青"字，当时粉青、梅子青釉色都施三四层厚釉，使釉色晶莹润澈、沉着柔和，达到"如玉如冰"的艺术效果。其次在造型和纹饰方面出现了与北宋时期完全不同的风格，这时的器物造型倾向于精致端巧、简练大方，形式新颖的品种大量涌现，如壶、罐、洗、炉、钵、笔筒、印盒、粉盒、渣斗、灯台、香炉、鸟食罐、砚滴和塑像等，品类涉及餐具、茶具、文具和陈设品，无不具备，可谓丰富多彩，达到了实用与美观的统一。在装饰方面，采用浮雕和堆贴花以及凹凸的弦纹，使之既符合薄胎厚釉的工艺要求，又能让纹饰与釉色相得益彰，从而取得薄胎厚釉与纹饰之间的统一。可见南宋龙泉青瓷的装饰手法更趋向于简练，一切以服从工艺制作为主，不事繁缛堆砌，使之明朗、大方、精致、端巧。有些物品完全以釉色和造型取胜，不施纹饰，也有它独特的艺术价值。[①]

元、明时期，青瓷产品质量已不如南宋之精美。特别是进入明晚期，龙泉青瓷多数粗制滥造，器形局促瘦长，摇摇欲坠，所谓"化治以后，质粗色恶"。到清初，久负盛名的龙泉青瓷一蹶不振。直至民国，只有少数民间艺人继承祖传，仿制宋、元时期的产品，但胎、釉及造型艺术远远不及宋代的精美。

新中国成立以后，1957年成立地方国营龙泉瓷器厂，确定"一青二白"的生产方针，一面生产日用白瓷，一面恢复继承传统青瓷的研

---

① 卢伟孙：《龙泉青瓷与传统文化艺术的关系》，《丽水学院学报》2010年第2期。

究和生产。从国庆窑炉的设计建造到胎、釉的研究，此时的产品既继承了宋代龙泉窑青瓷朴素、浑厚、实用的特色，又创造性地在餐具、茶具上运用了传统装饰手法，不论是荷花、牡丹花，还是云鸾图案均以其秀丽而流畅的线条、优美的造型与莹润的釉色显现了龙泉青瓷的独特风格。国营瓷厂通过 30 多年的奋斗，使龙泉青瓷一度复兴辉煌，其产品在釉料配方、原料研究、成型工艺、造型艺术设计和烧成工艺等方面基本上达到了南宋工艺水平。到了 20 世纪 90 年代，因受市场经济的冲击和企业体制转换的影响，原国营、集体所有制的青瓷企业难以为继，纷纷破产倒闭，走向衰落。1998 年，龙泉吹响"二次创业"的号角，把振兴龙泉青瓷产业作为重中之重，出台了一系列政策举措，鼓励支持个体、私营青瓷企业发展，充分发挥青瓷匠人的聪明智慧，激励工匠艺人创业创新，一股开拓进取、敢于争先的热流像潮水般地涌现，龙泉青瓷产业又展现出一个崭新的面貌。青瓷艺术百花齐放，青瓷品种丰富多彩，青瓷大师层出不穷，青瓷奖牌硕果累累，青瓷财源滚滚而来。龙泉青瓷 20 多年来盛销不衰，遍及全国各地，畅销世界近百个国家和地区，在国际上享有极高的知名度和认可度。

清雅瓷魂 QINGYA CIHUN

世界申遗

2009 年 9 月 30 日，这是一个值得龙泉人民铭记的日子。这天，在阿布扎比召开的联合国教科文组织保护非物质文化遗产政府间委员会第四次会议上，龙泉青瓷传统烧制技艺被正式列入《人类非物质文化遗产代表作名录》，成为浙江省首个单独申报成功的人类非遗项目，也是全球第一个入选人类非遗的陶瓷类项目。

2007 年 11 月，时隔 5 年的第二届中国龙泉青瓷·龙泉宝剑节隆重举行。这次节庆以纪念周恩来总理批示"抓紧恢复祖国历史名窑，首先恢复龙泉窑"50 周年为契机，全国八大窑系陶艺大师云集龙泉。其中，"官、哥、汝、定、钧"五大中华名窑的大师是北宋以来第一次"全家福"团聚，可谓千年一聚。节庆期间，中国轻工业联合会副会长杨志海、中陶协理事长杨自鹏率五大名窑和国内著名陶瓷专家共同签署中兴中华历史名窑的《龙泉宣言》，提出联手申报"世界非遗"。[1]

然而，龙泉青瓷的申遗之路并不平坦，"申遗"成功路上凝聚了许许多多的汗水。其中艰辛的过程，鲜有人知。通过与负责申遗的时任龙泉市文广局长的黄国勇交流，并阅读当时人的一些回忆文章，笔者深感申遗来之不易。

2007 年，省文化厅组织编辑"浙江省非物质文化遗产丛书"，龙泉青瓷烧制技艺和龙泉宝剑锻制技艺被列入首批出版名单项目，并由林志明执笔编著《龙泉青瓷烧制技艺》一书。此书于 2008 年 6 月完稿，

---

[1] 赵建林：《千峰翠色千年传 千年龙泉千禧来——龙泉青瓷成功申报"人类非遗"始末》，《金融博览》2011 年第 2 期。

申遗庆祝大会（吴少平　摄）

为申遗编制文本奠定了基础。

《龙泉青瓷烧制技艺》一书，笔者反复通读了数篇，该书不仅剖析了学术界的许多疑点，还原了龙泉窑的本来面貌，而且反映了龙泉历代匠人的勤劳智慧，展示了一个走向辉煌的青瓷新时代。这本书是帮助龙泉青瓷申遗成功的经典之作，给人一种奋发向上的精神力量，这本书给人的启示和思考有：

一是龙泉青瓷的创烧年代。关于龙泉窑的烧制年代，考古学家们的见解，既有相同的又有不同的。如果用统一的"窑系"概念去界定诸历史名窑的烧制时间，将龙泉窑的始烧时间无论定为三国两晋还是晚唐五代时期，烧制年代的下限定于清末龙泉窑衰极或传承到当今，与全国各大瓷窑生产时间相比，其延续时间最长是无可非议的。

二是龙泉窑的分布区域。迄今为止，发现属于龙泉窑系的窑址达600余处，为全国最广。窑址分布在浙江省境内丽水、温州的十多个县市区，其中龙泉境内有近 400 处，福建、江西、湖南、湖北、广东省亦有不少窑址，其中在广东的就有窑址 53 处。值得一提的是埃及、日本、韩国、伊朗、印度尼西亚、泰国、越南等国都有仿烧龙泉宋、元青瓷的窑址。

三是龙泉窑的工艺水准。北宋至南宋早期龙泉窑的大写意刻划花，刀法犀利、老辣、娴熟，构图自然随意又不失严谨，达到了空前的水平。其美学价值毫不逊色于南宋鼎盛期的粉青、梅子青厚釉制品，是古代窑工留下的一份珍贵的文化遗产。

四是龙泉窑的哥窑和官窑。龙泉哥窑，以其制作精细、釉色莹润、黑胎开片著称，宋中晚期就"为世所珍"，元明时已脍炙人口，不知有多少藏家、文人对哥窑津津乐道。历代朝廷对哥窑推崇备至，确立了哥窑乃宋五大名窑之一的地位。从元至民国，民间亦一直在仿制。虽然哥窑窑址所在地仍是学术界的一大悬案，但龙泉哥窑的存在已是不争的事实。《大明会典》和《明实录》记载了明朝于龙泉烧造过宫廷用瓷。对枫洞岩元、明窑址的考古发掘及对其他窑址的调查，证实了明中早期龙泉窑确实生产了一批精美的宫廷瓷，进一步的考古发掘证实了龙泉存在明代官窑。

五是龙泉窑的跨海远洋。宋、元、明三代，龙泉青瓷远销到东南亚、欧洲、非洲的 50 多个国家和地区。在广东省阳江市海陵岛附近海域打捞出的"南海Ⅰ号"沉船上，发现有大量南宋早期龙泉窑的刻划花瓷器。1976 年，韩国从全罗南道新安海底元代沉船中打捞的瓷器有 16792 件，其中龙泉青瓷就有 9639 件，可见龙泉窑在当时的产量首屈一指。也正因为瓷器的大量出口，世界各地对中国的称呼从丝绸之国变成了瓷器之国。从金村大窑犇出土的刻有"天福秋修建窑炉试烧官物大吉"铭文的四系罐残件，印证了宋庄绰《鸡肋编》中记载的可靠性，说明早在五代天福年间，吴越钱氏王朝就在龙泉开辟了秘色瓷生产的新基地，以满足进贡中原朝廷、开展瓷器外交的需要。①

六是龙泉窑的传承跨越。龙泉窑从明后期开始衰落,至新中国成立初期已奄奄一息。1957年,周恩来总理为挽救中华瑰宝,作出"要恢复祖国历史名窑生产,首先要恢复龙泉窑和汝窑"的指示。半个多世纪以来,龙泉的青瓷匠人发扬古代窑工"朝夕于斯,孜孜不倦"的探究精神,树立"追步哥窑,媲美章生"的雄心壮志,经历了种种艰难曲折,终于使龙泉青瓷重放异彩,许多方面达到甚至赶越了宋元时期的水平。如今,龙泉青瓷产品种类琳琅满目,百花争艳,久违的具有南宋风格和真玉釉面的青瓷出现了。

浙江是一个文化大省,全省"国遗"项目多达129个,要想在省里突围就非易事。龙泉青瓷在129项中脱颖而出。最后,由龙泉青瓷、越窑青瓷、南宋官窑等捆绑成的"中国青瓷"非遗项目正式上报文化部。

文化部组织专家们对以"中国青瓷"还是"龙泉青瓷"定名、以景德镇窑还是龙泉窑申报这两个问题颇有争议。在一次讨论会上,国家"非遗"专家组成员吕品田说了一番很有分量的话。他说,我国最早的瓷器是青瓷,而龙泉青瓷烧制延续时间最长、窑址分布范围最广、出口世界的数量最多、蕴藏中国文化最深。他认为龙泉青瓷最能代表中国文化,力挺龙泉青瓷作为首个陶瓷类的项目申报。既是景德镇人,又是权威专家,吕先生的话引起了大家的共鸣。龙泉青瓷高票通过,领到了独立申报"人类非遗"的"出国券"。

2008年8月,国家文化部下达了关于《中国向联合国教科文组织申报人类非物质文化遗产代表作名录和急需保护的非物质文化遗产名录初选项目暨备选项目申报文本制作协调会》的通知。"中国龙泉青

---

① 林志明:《龙泉青瓷传统烧制技艺成功入选"人类非遗"的原因分析》,《浙江工艺美术》2010年第1期。

瓷烧制技艺"与"蚕桑丝织"被列入我国向联合国申报"人类非物质文化遗产代表作名录"的 15 个项目之一。

联合国教科文组织"人类非遗"申报评定,有特定的规则和程序。文化部为避免同室操戈,提出了严格要求,申报组织人员倍感压力。紧张的申报工作已经展开,申报工作面临很大的困难。一是名额有限。按照联合国教科文组织的惯例,人类非物质文化遗产名录申报每两年评审一次,每一次一个国家只能报批一项。二是竞争激烈。这次申报的项目,无论是列入初选或预备的项目,都需同时申报材料。项目成功上报的关键在于其文本、视频等相关材料要做得更加规范和到位,更能经得起专家的论证审查。国内竞争已相当激烈,若要更进一步在与国际上的非遗项目的竞争中胜出,更是困难重重了。三是规则不可预见。国际申报规则在不断摸索与变化,每次每个国家申报几项,怎

申遗庆祝大会现场（朱志敏摄）

么申报，谁也没有把握。申报表没有统一范本，版本也往往每次不同，所以对于申报文本的规范，没有绝对的权威。四是申报材料制作的难度大。申报材料首先要符合联合国《保护非物质文化遗产公约》的精神，需要反复认真地阅读领会《公约》文本、视频。特别要在遗产独特性、遗产表述的专业性、文本表述的国际性、文本翻译的准确性、视频体现的冲击性、图片表现的经典性等方面做到位。

从 9 月 10 日开始，申报工作进入了 10 天倒计时，全体工作人员紧锣密鼓地计划部署每一天的工作，明确分工互相协作，保持着工作的高度协调性和有效性。所有的工作只能提前而不能延后，不然就会影响到整体申报任务的完成。历经了连续十天的高强度工作时，申报组接到了文化部急电，要求项目申报单位立即把申报材料送北京接受国家非遗专家评审和辅导修改。说时迟、那时快，申报人员全班人马即刻赴京，又投入日夜紧张的奋战之中。

根据专家们的意见，申报组将"中国龙泉青瓷烧制技艺"的项目名称改为"龙泉青瓷传统烧制技艺"，对文本作了大幅度的修改；并且解决了视频解说词和对接影像资料中的问题。修改后的文本接受了第二轮评审并获得了通过。循环反复，几经曲折，历尽艰辛，攻坚克难，所有经审定的文本由国家文化部正式递交到联合国科教文组织。10 月 14 日，申报组收到联合国发来的信件，确认文本编号为"00205"。至此，龙泉青瓷传统烧制技艺拿到了进入联合国教科文大门的"入场券"。

11 月 13 日，申遗工作组收到了联合国教科文组织的第二封信，要求对"遗产说明"部分用 1000 字以内的文本作更准确清晰的答复，以及详细说明社会、团体和有关个人参与提名过程的各个阶段等内容。通过高等院校、科研单位和国家机关专家学者们的不断修改，经历了与联合国教科文组织的三次沟通，2009 年 6 月 11 日，申遗工作组收到联合国教科文组织发来的第五封来信。信中告知龙泉青瓷传统烧制技

申遗庆祝大会现场（吴少平摄）

艺被附属机构建议列入人类非物质文化遗产代表作名录。这一消息传来实在令人兴奋，这表明龙泉青瓷的一只脚已迈进"人类非遗"的大门。

8月1日，联合国教科文组织对拟列入的推荐项目在网上公示。

9月30日，龙泉青瓷传统烧制技艺被批准列入人类非物质文化遗产代表作名录。至此，龙泉青瓷传统烧制技艺申报人类非物质文化遗产工作画上圆满的句号。这是向新中国成立60周年大典献上的一份厚礼。

事非经历不知难。可以说，龙泉青瓷登上世界艺术之巅，历经了"过五关斩六将"的过程。这次世界各国申报的非遗项目有11项，正式命名的有76项，我国申报的项目有三分之一被淘汰，包括我国享有盛誉的京剧、中药、珠算、少林武功等等都抱憾阿布扎比。在"人类非遗"名录中，一个县的名字与一项技艺连在一起命名的，绝无仅有。龙泉青瓷一下子成为一个世界公认的专用名词。国际陶协、中国陶协及各个省陶协都发来贺电、贺信，称这是"全中国全世界所有陶瓷人的光荣和梦想"。时任中共中央政治局委员、国务委员刘延东在人民大会堂为龙泉颁发"人类非遗"证书。时任龙泉市委书记赵建林曾经感慨地说："龙泉既是一个吉祥的名字，又是一个神奇的地方，真可谓'千峰翠色千年传，千年龙泉千禧来'。"

宋瓷回归

清雅瓷魂
QINGYA CIHUN

　　龙泉窑青瓷遍及全国，走向世界，南宋龙泉青瓷的制作水平达到世界巅峰。对于世界级的大型博物馆来说，也是一件难求，目前收藏量大且比较著名的博物馆有大英博物馆、四川宋瓷博物馆、台北故宫博物馆、北京故宫博物院、日本的几家博物馆等。国内各大国有和民间博物馆也以收藏龙泉青瓷为荣，以珍藏龙泉青瓷为傲。著名的青瓷收藏爱好者李国祥如是说："看到如此精妙绝伦的南宋龙泉窑藏品，很多鉴赏者的心灵受到了涤荡。好的艺术品是人类历史上永恒的无言之教。我们通过南宋龙泉青瓷造型中的线条与釉色的丰富搭配感受到艺术品中传递出来的鲜活饱满的心灵能量，及宇宙中存在的极富节奏韵律的神秘，体会真善美的灵魂。这些藏品达到了它们最高的使命……"

　　龙泉市委市政府为了让离开千百年的龙泉青瓷回一次娘家，连续两年邀请故宫博物院藏的龙泉青瓷和南海Ⅰ号龙泉青瓷回家探亲，充分展现了龙泉窑古代青瓷的精美风采。

一、故宫青瓷回家

　　伴随着鼓声阵阵，运送青瓷宝贝的车辆缓缓经过剑瓷之门，如同从遥远的古代走来，带着这些在历史长河中保存下来的青瓷珍品，回到当年离开的故土龙泉。

当车辆经过市中心广场路段时，欢腾的舞龙舞狮队、嘹亮的军鼓队、美丽的旗袍队、整齐划一的腰鼓队拉开阵形，列队欢迎，整个龙泉都沸腾了！

随着长号声响起，离开家乡千余年的故宫青瓷，终于回家了！

这一刻，龙泉人等待了太久太久，对全世界的龙泉青瓷爱好者而言，这也是一个历史性的时刻。这一场盛大的迎奉仪式，正是龙泉人民迎接故宫龙泉青瓷"回家团圆"最虔诚的体现。

2018年11月2日，首届世界青瓷大会·第十一届中国陶瓷艺术大展在"青瓷之都"龙泉市正式开幕。故宫博物院与龙泉市博物馆共同主办的"出宫·回家——故宫博物院藏龙泉窑青瓷精品省亲之旅"展览也于当日在龙泉青瓷博物馆开幕。时任龙泉市委书记王顺发说，承办中国陶瓷艺术大展，是一代代龙泉制瓷艺人的夙愿。展出的是作品，交流的是文化，龙泉青瓷是千年优秀文化。

故宫龙泉青瓷回归展（季金强摄）

故宫博物院所藏的龙泉窑青瓷文物，以元明清宫廷旧藏为主，还有宋代时期少量的龙泉青瓷精品。本次"故宫龙泉青瓷回家展"是故宫馆藏龙泉青瓷首次大批量走出紫禁城，"让收藏在禁宫里的文物活起来"。展览以"出宫·回家"为题，精选102件器形精美、釉色纯正的龙泉窑青瓷文物，辅以不同窑口出土的陶瓷标本，其中展品有国家一级文物9件，国家二级文物72件，国家三级文物21件。通过"龙泉再辉煌""宫廷有佳器""故乡在龙泉"三个单元，再现以陈万里先生为代表的老一代专家学者对龙泉青瓷的关注和重视，展现不同时期宫廷用龙泉青瓷的独特风貌，串联龙泉青瓷的发展脉络，是对龙泉窑青瓷烧造历史的整体性回顾。

陈万里先生是我国著名的古陶瓷专家，是我国近代第一位走出书斋，走向田野，运用考古学的方法对古窑址进行实地考察的学者。自1928年起，陈万里先生曾"九上龙泉，七访绍兴"，搜集了大量瓷片标本，确立了龙泉窑的历史地位。他还将其所藏文物捐赠给故宫博物院，为院藏龙泉窑文物再添重彩。2018年恰逢陈万里先生开启窑址调查90周年，龙泉窑青瓷回乡省亲，为龙泉市民送上青瓷文化盛宴，不仅是对青瓷文化的发掘和弘扬，对"工匠精神"的再现和传播，更是向脚踏实地走向田野的老一辈古陶瓷学者的致敬和学习。

故宫博物院让龙泉窑青瓷的辉煌再现龙泉，让藏于深宫的精品文物走向大众，让更多的民众在家门口就能欣赏宫廷文物之美，让文物更贴近大众，贴近生活。这是对优秀文化的传承和弘扬，也是对民族记忆的回顾和反思。

故宫龙泉青瓷回乡展出，世界各地专家、学者和瓷友们闻声而来。

此次，故宫博物院遴选了102件龙泉青瓷精品，器形涵盖瓶、盘、碗、洗、炉、烛台、屏风等，其器物之精美、釉色之纯正、数量之丰富是以往展览中罕见的。

Jean Girel 是法国国家级工艺美术大师，烧制青瓷已有 40 余年。他告诉记者，自从 1975 年第一次看见宋代龙泉青瓷，他便陷入其中无法自拔。"做人就要像青瓷一样，内敛温和，由内而外散发着精益求精的匠人精神。"数十年来，Jean Girel 一直凭借书籍自行摸索青瓷烧制技巧及中国青瓷文化。此次来到原产地，他表示会与本土艺术家相互切磋学习，并将青瓷文化发扬光大。

来自英国伦敦的 Casson 夫妇对瓷器也有着深厚感情。"中国在一千多年前便能烧制出如此精美的瓷器，让人觉得不可思议。"Duncan Casson 告诉记者，作为全球唯一入选"人类非遗"的陶瓷类项目，龙泉青瓷名副其实，青瓷文化更是全世界人民都要保护、弘扬的珍贵历史宝藏。

复旦大学科技考古研究院教授沈岳明则认为，此次故宫青瓷回家活动对于推动整个青瓷行业发展、增强龙泉人民自豪感和自信心有着极大促进作用："有了回家展，就是最普通的老百姓也可以近距离接触这些'皇家'之物。"

当年 85 岁的龙泉市民钟长庚特地赶来。他看着展馆内的 102 件藏品，红了眼眶："看见这些瓷器，就好像是自家远嫁的闺女回来探亲，自豪感油然而生"。

这些国宝级"青瓷宝贝"拨开了历史尘封的雾霭，再度向世人展现它们的艺术之美。

二、南海宋瓷回归

瓯江源头鼓乐声声，一艘艘"大宋运瓷船"逆流而上，缓缓驶向码头……一场复古而又隆重的欢迎仪式再现了古代海丝之路的商贸盛况，令人恍如穿越时空，梦回南宋。

2019年3月29日，在龙泉市青瓷博物馆，"海丝之路·南海Ⅰ号龙泉青瓷归源展"启幕，这批沉睡海底800多年的龙泉青瓷，第一次回到了生她养她的世界青瓷之乡。本次是龙泉市政府与广东海丝之路博物馆携手合作的一次特别有意义的龙泉青瓷归源展，主办方精心挑选了96件文物参加展览，其中包括"南海Ⅰ号"宋代沉船上打捞出的68件龙泉青瓷珍品，吸引了百余位老中青三代龙泉青瓷艺人到场瞻仰观摩。

76岁的国家级"非遗"龙泉青瓷传承人徐朝兴激动地说："一大早，我就在微信朋友圈转发了'南海Ⅰ号'龙泉青瓷回乡展览的消息，点赞的朋友多得不得了……我怀着无比崇敬的心情来瞻仰老祖宗的作品。在那个科学技术远不如现在的时代，古代青瓷匠人创造了诸如玉壶春瓶等好多了不起的经典器形，为今天提供了学习的范本和创作的灵感。"

在博物馆里，如今的青瓷艺人穿越时空，与古代青瓷人进行了触及灵魂的"交流"。龙泉80后青瓷艺人徐诗微从业已经16年，从一件件瓷器优美的曲线、流畅的刻花中，她读出了古代工匠制瓷时的氛围与心境。"很震撼！每一件都很有灵魂，展示了古人对生活美学的一种极致追求。"她说，这与自己多年来坚持的"艺术青瓷生活化、日用青瓷艺术化"的创作理念不谋而合。

不少龙泉青瓷大师还带上徒弟，把课堂直接搬到了展览现场。"古代与现代的瓷器，在釉色的质感上会有一些区别。其中一个原因是古时候龙窑的升温与降温相比现在的气烧窑炉要慢，所以玻璃般的光泽

故宫龙泉青瓷回归展（季金强摄）

感会稍微少一些。"高级工艺美术大师、龙泉青瓷协会会长陈爱明现场分享道："如今，制瓷的材料在变化，烧制工艺也在进步，如果赋予一些好的想法和创意，一定能够做出更多更好的作品。"

"这些碗碟上的传统纹饰，带有许多美好寓意。它们能够被不同国家的人们所喜爱，并且经久不衰，显示了中国传统文化的强大生命力。"龙泉90后青瓷艺人杨盛侃说，从这些宋瓷中，能感受到当时工匠们坚定的文化自信，而这种文化自信一直传承至今，这恰恰是当代龙泉青瓷人最宝贵的精神财富。

举世瞩目的"南海Ⅰ号"宋代龙泉青瓷回归，进一步挖掘了海上丝绸之路的文化内涵，展现了龙泉作为海上陶瓷之路的主要起始地，提升了龙泉青瓷在全世界的影响力。展览分为"南海遗珍""宋瓷归源""丝路盛况"三个单元，展期为两个半月。

"海丝之路·南海Ⅰ号龙泉青瓷归源展"让青瓷爱好者们能够近距离感受古代龙泉青瓷的魅力。从制陶到制瓷，龙泉青瓷的匠人们代代传承，让瓯江两岸成为名副其实的海上陶瓷之路内陆地区的主要起始地。人们深深感悟到，之所以海上丝绸之路演变为海上陶瓷之路，这靠的是不断兴盛的陶瓷商品支撑，以及促进古代中国与世界交流的文化使者。龙泉青瓷在海路上向世界展现"中国魅力"，彰显了中华民族的"文化自信"。南海Ⅰ号龙泉青瓷回归故里展示，为龙泉青瓷文化产品、文化产业和文化经济迭代发展提供了强劲动力。

"南海Ⅰ号"是现存世界上关于海上丝绸之路文物数量相对丰富、完整、集中的文化载体，截至2019年3月，船载文物发掘总数约17万件。其中出水的大量龙泉青瓷证明了自宋代起龙泉青瓷就成为中国对外贸易的重要商品之一，并进而成为中国至东非及欧亚的海上"陶瓷之路"中的主角。这批离家800多年的青瓷珍品重回故地，不仅是一场跨越时空的历史性对话，还为龙泉青瓷发展史添上浓墨重彩的一笔，让世人能够更好地领略龙泉青瓷的艺术魅力，更好地认识中国文化代码。

展览吸引了55000余名参观者前来一睹这批出水"芙蓉"，还有许多来自海外的陶瓷爱好者慕名前来，辐射面广，影响范围大。

同时，还吸引了人民网、新华社、《浙江新闻联播》、《浙江日报》、浙江新闻客户端、腾讯直播、中国蓝新闻·蓝媒号等国内主流媒体和自媒体前来报道和直播，影响力辐射海内外。

名师荟萃

清雅瓷魂
QINGYA CIHUN

　　龙泉青瓷的发展史是一部几经兴衰的历史，它记载着一代代人深沉而厚重的青瓷情结和不屈不挠的奋斗精神。兴盛衰落，跌宕起伏，历数百年登峰造极，又在接下来的数百年几近凋零，从新中国成立后的恢复直至今天的繁荣，龙泉青瓷的发展彰显出龙泉人民矢志不渝、坚韧不拔、开拓创新、敢于争先的精神风貌。特别是那涌现出来的一批批国家级、省市级的工艺美术大师和陶瓷工艺美术大师，他们所具有的艺术品质和极致匠心的精神，很值得后人在学习中传承，在实践中感悟。

　　记得1998年赴龙泉任职时，龙泉青瓷界唯一的国家级大师是徐朝兴先生，大家都称他为徐大师。发展至今，龙泉有国家级大师14人，省级大师47人，丽水、龙泉市级大师上百人。

　　国家级大师14人：中国工艺美术大师有徐朝兴、毛正聪、夏侯文、张绍斌、胡兆雄5位，其中张绍斌大师已离世。中国陶瓷艺术大师有陈坛根、徐定昌、卢伟孙、陈爱明、陈显林（陈善林）、董炳华、叶小春、毛丹阳、张晞9位，其中张晞为首届中国工美行业艺术大师。

　　省级大师47人：浙江省工艺美术大师有毛松林、徐凌、陈先明、金逸林、王传斌、李邦强、杨建琴、徐峻清、夏侯辉、梅红玲、毛伟杰、竺娜亚、李成汉、蒋同磊、蒋小红、郑一萍、徐晓辉（徐晓峰）、徐殷、徐建新、王利军、潘建波、周华、季友泉、黄长伟、李巧强、丁绍杰、王武、叶小伟、吴建春、吴致行、张英英、陈永德、陈勇、金逸瑞、徐象龙、龚益华、廖秀珍、苏伟、王军港、孙威40位。其中毛松林大师已离世，如果健在的话，他早已成为一位国家级大师。浙江省陶瓷艺术大师有毛丹峰、兰宁莉、余正青、陈少青、陈华、徐小康、潘建武等7位。现将有关国家级大师的艺术生涯简要介绍如下。

一、徐朝兴——中国工艺美术大师

1996年被评为中国工艺美术大师的徐朝兴，是龙泉青瓷界的第一位国家级工艺美术大师。1956年，13岁的他来到一个小山村的瓷厂学做瓷碗，破例被留在厂里做学徒后，从此走向了青瓷艺

徐朝兴——中国工艺美术大师

术生涯。他拜青瓷老艺人李怀德为师学艺，醉心于钻研技术，20多岁就是厂里的业务骨干。1980年，他由普通工人连升六级出任龙泉青瓷研究所所长，成为龙泉青瓷艺术事业的掌门人。从艺60年来勤耕不辍，锐意创新，在哥弟纹胎、哥弟混合、象形开片、青瓷玲珑、露胎装饰、点缀纹片、灰釉跳刀等工艺领域取得突破，一路建功立业，赢得了诸多令人骄傲的荣誉。他的跳刀绝活炉火纯青，令人赞叹不已，其刀走泥剔、迹流神扬的纹饰疏密有致、条理分明，洋溢着一种天工般的技术美和节律美。早在20世纪80年代中期，他就别出心裁地以组合餐碟的异形处理打破餐具的传统格式，设计出一套状若莲花盛开的"云凤组合餐具"。他带徒授艺，培养出一大批国家级和省市级大师。他是青瓷界在全国历届陶瓷作品评比中获奖最多的大师，曾获全国陶瓷设计评比金、银奖等数十项，作品多次被指定为国家级礼品，并被中南海紫

光阁和人民大会堂作为国宝收藏。他不仅是龙泉最早的中国工艺美术大师，还获得亚太手工艺大师、中国陶瓷艺术大师的称号，2007年被确定为首届国家级非物质文化遗产代表传承人，2018年被评为第二届"浙江工匠"，是第八、九届全国人大代表。1992年开始享受国务院颁发的政府特殊津贴。

二、毛正聪——中国工艺美术大师

毛正聪——中国
工艺美术大师

毛正聪出生在一个贫困家庭，小学毕业后就偷偷地学做陶瓷这门手艺，从此与青瓷艺术结下了不解之缘。他用一生陶艺换来了龙泉青瓷的"千峰翠色"，他烧制的青瓷釉色无论是梅子青或是粉青，均色泽纯正，厚釉薄胎。从青瓷玲珑、青瓷开光、文武开片到哥窑金丝线色，毛正聪突破了龙泉青瓷千年厚釉、青一色的状态。1957年，地方国营瓷厂成立，他与15名骨干青年被厂里选拔去景德镇培训，由此伴随着龙泉青瓷走过漫漫岁月。进入20世纪60年代，他利用业余时间开展技术革新，历经5年之久，终于研制成功了国内陶瓷行业的第一台半自动修坯机。该机器以凸轮操作代替手工操作，生产质量标准化，产量比原来提高了6倍，并在全国陶瓷生产行业推广，至今还在使用。1996年，国营瓷厂转型，他踏上了创业之路，创办了"正聪青瓷研究所"，圆了自己一生的青瓷之梦。2016年7月，在京举办的"毛正聪从艺60周年青瓷艺术展"，展出毛正聪各个时期的青瓷代表作品 80 多件，继后他又出版《青瓷艺术人生——毛正聪回忆录》一书。现在中南海紫光阁总理接见厅正上方，摆着他制作的两件龙泉青瓷精品——龙泉哥窑大挂盘、龙泉哥窑紫光瓶，这两件被称为"当代国宝"的陶瓷精品，被中南海紫光阁永久性收藏陈设。2006 年，毛正聪荣获中国工艺美术大师称号，并获得国家级非遗传承人、2017 年第一届"浙江工匠"、中国陶瓷艺术大师等荣誉称号，并享受国务院特殊津贴。

三、夏侯文——中国工艺美术大师

夏侯文——中国工艺美术大师

夏侯文是江西省分宜县人，1963 年毕业于景德镇陶瓷学院美术系，是第一个外地进入龙泉瓷厂的本科生。50 多年来一直从事龙泉青瓷的造型与设计的研究和制作，在探索古代青瓷工艺与现代实用艺术的结合上取得了丰硕的成果，创作的作品 5000 余件（套），有 3000 多件（套）作品投入了批量生产，一大批产品成了市场的拳头产品，如竹节杯 40 年生产久盛不衰。他攻克了哥窑和弟窑工艺上不调和的难关，首创了哥弟窑相结合的新瓷种，同时又研制出"色胎绘画"艺术瓷花瓶及挂盘系列作品，开创了一种划时代的新装饰手法，受到了陶瓷界人士的高度赞誉。他的绝活是青瓷装饰，成功地研制出"青瓷釉下彩""梅子青双鱼洗"等数十件作品，在全国评比和国际博览会上获金银等奖，十多件作品被国家珍宝馆、中南海紫光阁等作为国宝收藏。他出版的著作《龙泉青瓷装饰研究》，系统总结了龙泉青瓷的装饰风格和纹饰特点，特别是对当前处于生机勃勃发展状态下的青瓷装饰艺术的多样性进行了逐一分析，既揭示了青瓷装饰艺术从古到今的演变逻辑，又反映了当代青瓷艺人创造性的生命活力。2006 年，荣获中国工艺美术大师称号，并获得中国工艺美术"终身成就奖"、他还是国家级非遗传承人，获 2019 年第三届"浙江工匠"、中国陶瓷艺术大师等荣誉称号，并享受国务院特殊津贴。

四、胡兆雄——中国工艺美术大师

胡兆雄——中国工艺美术大师

2018 年获得中国工艺美术大师称号的胡兆雄，是当今最年轻的国家级青瓷大师。他 1986 年毕业于湖南省轻工业专科学校陶瓷专业，分配到国营龙泉瓷厂技术科工作，随后担任科长、技术副厂长。1994 年国营瓷厂即将倒闭，他自筹资金创办天工青瓷厂。创业之初，他精神和经济上的压力是沉重的，他不停地试验开发新产品，配釉、造型、烧制等每一道工序都一丝不苟。他拓展市场诚实守信，单枪匹马闯出一条成功的市场之路，可算得上是龙泉青瓷界的第一人。在 30 多年的青瓷艺术生涯中，胡兆雄研古艺、探新法、攻难点、厉创新，传青瓷之道，彰青瓷之美，既立足传统，又探索创新。尤其是运用不同原料的绞胎加点刻划画装饰，创造出清雅、内敛、宁静、幽远的风格，及"浅草初春平湖水"的意境，独具特色。他的十几项科研成果荣获国家级和省级科技进步一、二等奖。"丰硕""山花""秋声""冬韵"等一系列作品在全国、省市级评比中获金、银奖。作品被中南海紫光阁、上海博物馆、韩国康津青瓷博物馆收藏。2016年烧制的"G20双耳瓶"入选为杭州G20峰会元首礼品，该件作品于2018年亮相联合国总部展。2018年烧制的"哥窑玉壶春瓶""花开富贵牡丹盘"被选为首届中国国际进口博览会国礼。他还获得中国陶瓷艺术大师、浙江省首席技师和丽水市非遗传承人、"浙江工匠"等荣誉称号。

五、陈坛根——中国陶瓷艺术大师

陈坛根，2006年荣获浙江省工艺美术大师称号，2010年荣获第二届中国陶瓷艺术大师称号。1949年，他出生于上垟镇青瓷世家，祖父与父亲在龙泉青瓷的同行中颇有名气，他从小跟随父亲学艺，16岁进入龙泉国营瓷厂从事青瓷生产，掌握了烧制的全套工艺。1975年先后任龙泉瓷厂车间主任、分厂厂长、书记等职，在职期间从未间断过对青瓷生产技术及工艺的研究。他设计制作的"哥窑80厘米迎宾大挂盘""1.4米特大梅瓶""48厘米特大茶壶"3件作品，被誉

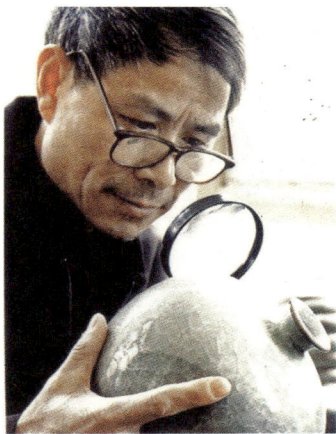

陈坛根——中国陶瓷艺术大师

為盘、瓶、壶产品的"三大王"。1997年随着国有企业转型，他携带妻子、儿女创办了古窑瓷厂，由于以销定产，产量又低，第一年就亏损2万元。他总结经验，注重产品的更新换代，创自己的特色品牌。自2000年以来，在杭州、上海、北京的3次龙泉青瓷精品展示会上，他的产品深受顾客青睐而被抢购一空。在京开展那天，他的作品"天方地圆"被客户以12000元的高价定购。他历经6个春秋，成功研究龙泉青瓷冰裂纹，使失传千年的冰裂纹制作工艺重发光彩，因此获得国家发明专利。他的作品"美人醉"获首届中国陶瓷艺术作品博览会金奖；"丰收""天窗"等产品获金奖和银奖，并被中南海紫光阁和北京人民大会堂收藏。他还获得第二届浙江省工艺美术大师、浙江省非遗传承人、中国古陶瓷研究学会会员、龙泉市青瓷艺术终身成就奖等称号。

六、徐定昌——中国陶瓷艺术大师

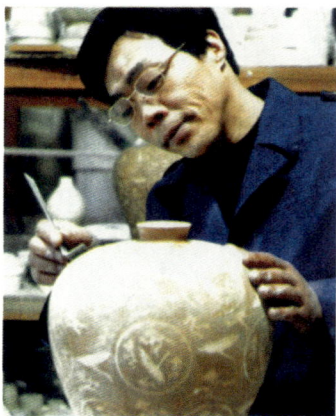

徐定昌——中国陶瓷艺术大师

徐定昌，2010年荣获第二届中国陶瓷艺术大师称号。1955年出生在平阳县肖江镇，1973年高中毕业后进入龙泉上垟国营瓷厂当学徒，与泥土相依为伴，真正了解泥土怎样化为如玉的青瓷，那些岁月使他从感性到理性，开始恋上青瓷，爱上青瓷。1984年先后任上垟国营瓷厂原料车间主任、厂长助理、青瓷研究所副所长等职。1995年离开国营瓷厂，创立振

清雅瓷魂 QINGYA CIHUN

昌青瓷厂。1998年以来，连续四届当选为龙泉市青瓷行业协会会长。2002年，"龙丹洗"作品获全国陶瓷评比三等奖；2005年，"风知弦"和"追求"作品均获杭州国际民间工艺品金奖；2006年，"春夏秋"获杭州西博会"百花奖"和中国工艺美术精品奖银奖；2008年，"春夏秋冬"系列之"冬""夏"又获中国非遗陶瓷艺术精品展金奖，"粉青冬"被评为中国传统工艺美术精品大展（北京·2008）金奖；2009年，作品"融"获中国首届龙泉青瓷艺术珍品金奖，"粉青双鱼炉"在首届中国·浙江工艺美术精品博览会获"东雕杯"金奖。一些作品被中南海紫光阁、国家博物馆、中国工艺美术馆、人民大会堂等院馆收藏。他还获得浙江省工艺美术大师、浙江省非遗传承人、艺术终身成就奖等称号。他还兼任中国陶瓷工业协会副会长、艺术陶瓷专委会副会长、浙江省陶瓷行业协会理事长、中国陶瓷艺术大展和全国艺术设计创新大赛评委。

七、卢伟孙——中国陶瓷艺术大师

卢伟孙，2006年荣获浙江省工艺美术大师称号，2010年荣获第二届中国陶瓷艺术大师。1983年从龙泉陶瓷技校毕业后分配在龙泉瓷器总厂的青瓷研究所工作，师从徐朝兴先生，1992年被派往浙江美术学院（现中国美院）陶艺系学

卢伟孙——中国陶瓷艺术大师

习一年，系统学习了陶艺创作理论课程，从此他的设计创新走上了快

车道。1996年下岗后在南秦溪边租了间民房开始创业之路，练泥、修坯、装饰、施釉、装窑、烧制等一道道工序亲力亲为、反复实践。砸碎不合格作品的声音令人揪心，汗水泪水相融相生。烧制出的第一窑"万山红遍""钱江潮"等成功作品，一直被他珍藏作纪念，意在难忘艰苦的岁月。2001年，卢伟孙应邀去日本举办青瓷作品展，从而名扬东京。40多年的制瓷生涯，他的青瓷作品逐渐形成了自己的独特风格，他还首创绞胎合璧瓷，将哥、弟窑异貌完美融合，用诗的意境开拓了青瓷的前景。作品"冬的思绪""天与地"分别获第五届、第七届全国陶瓷艺术设计创新评比一、二等奖。此外他还独创田园风格瓷，用"泥浆皱点"的装饰方法，体现青釉烧成后的浓淡深浅变化，作品"清游鱼"被中国美术馆收藏。卢伟孙又创禅意瓷，意境深远，让人产生无限遐想，作品"春秋罐""天池"和"鱼草纹大洗"分别获第八届全国陶瓷艺术设计创新评比金、银奖。他还获得浙江省青瓷中青年十大名师、第四批浙江省非遗传承人、全国技术能手、龙泉青瓷终身艺术成就奖等荣誉。

陈爱明——中国陶瓷艺术大师

八、陈爱明——中国陶瓷艺术大师

陈爱明，2006年荣获浙江省工艺美术大师称号，2010年荣获第二届中国陶瓷艺术大师称号。1978年进入国营龙泉瓷厂，开始学习青瓷烧制技艺，从此与瓷土为伴，与窑火相映，与青瓷为友。1991年被送往景德镇陶瓷学院美术系进修一年，理论知识得到了提升。他跟随中国工艺美院的高峰老师学习手拉坯、"跳刀"技艺，师从徐朝兴大师学习龙泉窑传统技艺。1994年停薪留职后，与人合作办起仿宋官哥窑瓷厂，1998年创办龙泉华兴青瓷有限公司，2005年创办了大窑青瓷文化研究中心。他的艺术之精华来源于生活，他把自然之美与陶瓷之美视为一种"天人合一"的境界。作品"听雨"的诞生，源于他在乡村途中避雨时看到的漫天雨丝轻重交叠；"叠翠"则源于他被那连绵起伏的"竹海"所征服时的感悟；"秋到龙泉"出自他体验到风中飞舞的秋叶而流露出的惋惜之情。自2000年以来陈爱明的作品连年得奖，"灰釉组合瓷碗""富贵牡丹""泉""云之梦""芦歌""秋韵""云迹""华严记忆""年年有余""沧海"等作品，均获得奖项。他的作品被英国珍宝博物馆、中国美术馆、中南海紫光阁、北京人民大会堂等院馆收藏。他还获得全国轻工行业"劳动模范"称号、中国陶瓷技艺创新贡献奖、龙泉青瓷终身艺术成就奖、浙江省非遗传承人等荣誉，同时还担任了龙泉青瓷行业协会会长，他的工作室被列为国家级技能大师工作室。

九、陈显林——中国陶瓷艺术大师

陈显林（又名陈善林），2006年荣获浙江省工艺美术大师称号，2010年荣获第二届中国陶瓷艺术大师称号，享受国务院特殊津贴，获龙泉青瓷终身成就奖，是丽水市首批非遗传承人、全国收藏界最喜爱的陶瓷艺术大师。1983年于龙泉陶瓷技校毕业，进入国营龙泉瓷厂青

陈显林——中国陶瓷艺术大师

瓷研究所从事艺术设计工作。1984年考入南京艺术学院工艺美术系深造。1987年任龙泉艺术瓷厂创作室主任。1997年瓷厂破产下岗，在南秦溪边租下空地，塔建起一个200平方米的简易厂房，开始了个人创作之路。创业难，难在"古为今用"，融入新生活情趣，使作品更具生命力。他所创作的作品在当时来看可谓是超现代风格，直观地展现了其对青瓷艺术的理解与个人风格。"衣架上的套装"就是一件他在创作中大胆创新的颇具现代陶艺风格的得意之作。他的作品"壶"为方形，实属罕见，获上海艺术博览会陶瓷类金奖。作品"缠枝牡丹瓶"的胎壁上精雕细琢，施以青釉，使其与器形和底色浑然一体，该件作品赢得市场热棒，其上的一簇簇木耳，一朵朵香菇，是由陈显林夫人杨建琴一个个"栽"上去的。杨建琴也是浙江省工艺美术大师，她的作品透露着女性特有的朴实、温馨与亲合力。夫妻双双登台，获奖连连，他们的陶艺馆被命名为双栖瓷馆。现在，他们的儿子陈希托也从事青瓷创作，一代代将技艺不断传承与创新下去。

十、董炳华——中国陶瓷艺术大师

董炳华，1952年出生于青田石雕世家，1970年毕业于中国美术学院雕塑系，从事雕塑、绘画、制作青田石雕与龙泉青瓷已有50余年，可谓是双能的艺术大师。他14岁时，作为石雕劳模后人，被特招入青

董炳华——中国陶瓷艺术大师

田石雕厂，师从周伯琦、张爱廷、林耀光学习雕刻技艺，创作了一批人物和花鸟作品，成了一位让石头说话的"石雕师傅"。三年的中国美院学习生涯，通过对人体雕塑、素描创作等基础课程的学习，董炳华打下了扎实的美术功底。

一次偶然的机会，董炳华与龙泉青瓷结缘，于是他毅然来到国营龙泉瓷厂从事研究与设计，全面掌握了青瓷的设计、造型、工艺、烧制等基本技能。他创新烧制出"高浮雕松鹤长寿瓶""莲花观音""飞天大花瓶""敦煌菩萨"等，开创了高档次艺术青瓷投放市场的新局面。作品涉及各种人物、动物、花鸟、古兽、花瓶、文具等，其中50余件（套）在国际、全国、省、市级专业评比中获一等奖和四新产品奖。与徐朝兴大师合作的"中美合作玲珑灯"被外交部作为中美建交纪念日的国礼，"斗象"作品获省级四新产品一等奖。20世纪90年代中后期，国营瓷厂破产后，借"二次创业"东风，他创办了龙泉市神艺瓷厂和董炳华青瓷雕塑院。近20年来，他特别擅长人物雕塑如观音、关公、福禄寿星、弥勒佛等，多次获全国、省市级奖项。他在2010年荣获第三届中国陶瓷艺术大师称号，还获得浙江省工艺美术大师、丽水市非遗传承人等称号。

十一、叶小春——中国陶瓷艺术大师

叶小春，出生于龙泉青瓷世家，其曾祖父在岱洋乡下办窑厂烧制日用瓷，爷爷叶宗源退休于龙泉国营瓷器厂，父亲叶时金为高级工艺美术师，到他这辈已经是第五代传人，一家兄弟4人都成为青瓷艺人。叶小春1980年进国营龙泉瓷厂，而后跟随父亲学艺，从事胎釉配方技艺，奠定了扎实的基础。20世纪90年代初，龙泉瓷业严重衰退，

叶小春——中国陶瓷艺术大师

兄弟4人与父亲商议自办瓷厂。历经两年，失败而被迫停厂，曙光出现于1996年，一位日本客商发来一份古代冰裂纹的传真照片，从此叶小春转入研究冰裂纹哥窑。寻找古窑冰裂纹碎片，查阅陶瓷古籍，遍访求教民间青瓷老艺人，试制配方几百种，试烧上千次，他终于摸索出冰裂纹形成的规律，并于2000年4月烧出了云彩般的冰裂纹瓷器。在2001年的上海龙泉青瓷精品展示会上，其作品被几位收藏家竞价收藏。冰裂纹的重现受到中央电视台《走进科学》《发现之旅》栏目专题报道，被列为浙江省重点技术创新项目，被国家授权为发明专利。他还相继研发流彩釉、黑釉金滴、奇纹装饰釉等多种胎釉，分别获得2项国家发明专利、8项外观设计专利、1项实用新型专利。作品被中南海紫光阁、中国工艺美术馆等收藏。2005年被丽水市授予第六批中青年专业技术拔尖人才称号，2007年被评为浙江省百名科技自主创新青年标兵，2010年荣获第三届中国陶瓷艺术大师称号，并获第三届浙江省工艺美术大师、丽水市非遗传承人等称号。

十二、毛丹阳——中国陶瓷艺术大师

毛丹阳的父亲是龙泉第一批景德镇陶瓷学院美术系毕业的本科生、曾获得中国陶瓷恢复与发展贡献奖的青瓷大师毛松林，毛松林是一位非常受人尊敬和钦佩的艺术大师，1976年创建龙泉青瓷研究所并任所长，1981年任龙泉瓷器总厂技术厂长，1989年参与起草制定日用瓷、陈设瓷、容器瓷、纹片釉瓷《国家标准》，有深厚的理论功底和扎实的操作技能，在陶瓷界享有很高声誉。作为名师之后的毛丹阳，从小耳濡目染，她的"玩具"往往是一堆瓷泥，她的艺术细胞在少女

毛丹阳——中国陶瓷艺术大师

时代就表现出来了。1983年，年仅18岁的她被龙泉青瓷研究所录用，跟随父亲学习青瓷制作技艺，并拜雕塑专家董炳华为师，学习雕塑制作，逐渐掌握了多种绝技，形成独特的风格，作品屡获大奖，其中"大吉瓶"获得首届"瓷都景德镇杯"国际大奖赛创作奖。毛松林的作品沉稳厚重，毛丹阳的作品端正秀丽，有道是"上阵父子兵"，凭着精湛的技艺，父女俩在龙泉这块充满生机活力的土地上，继承着传统制瓷技艺，创造出自成一体风格。在松林瓷苑的陈列室里，摆放着毛丹阳精心烧制的佳作："东方神韵""汉古遗风""枫叶尊"……可以说硕果累累。她进修于景德镇陶瓷学院，曾任龙泉青瓷研究所所长，刻苦钻研，埋头苦干，她的作品新、奇、特、细，以扎实的基础，深厚的功底，融近40年研制经验制作了一大批脍炙人口的作品，广受各界青睐，荣获金奖无数。2010年荣获第四届浙江省工艺美术大师、丽水市首届非遗传承人等称号。2016年荣获第三届中国陶瓷艺术大师称号。

张晞——中国工美行业艺术大师

十三、张晞——中国工美行业艺术大师

张晞出生在宝溪乡溪头村，他的爷爷张高岳是清末民国初期的制瓷高手，也是新中国成立后恢复龙泉青瓷技艺的主要人员之一，当时最早的龙泉青瓷仿古小组就设在他家（1955年公私合营）。1988年，他17岁高中毕业跟随爷爷学艺。学艺很苦，跟爷爷学仿古青瓷更苦，要达到与宋元青瓷形似且有神韵的程度，没有厚重的基础和功力是难以实现的。1992年张晞在宝溪创办了"至德瓷坊"。由于当时宝溪交通闭塞，他于2004年把"至德瓷坊"搬迁到龙泉青瓷宝剑园区，开始走上"二次创业"之路。他牢记爷爷"用尽千般功夫，只望烧制纯正的龙泉青瓷"的教诲，在传统和现代艺术结合上下苦功，走出自己的特色之作。他将花鸟虫鱼、飞禽走兽、仕女稚童装饰在自己的作品上，"牡丹纹兽首尊""梅子青富贵大香熏"等作品，运用细腻的刀法和流畅的线条为素雅的瓷面平添了许多情趣。自2008年以来，他的作品获奖不断，有国家级和省级的珍品奖、金银铜奖50余个，2008年获得中国工艺美术协会举办的首届现场拉坯技艺银奖，2009年获得了浙江省青瓷技艺现场比赛全能第一，同时获得了创意型手拉坯比赛金奖。荣获2016年首届中国工美行业艺术大师称号，还获得浙江省工艺美术大师、浙江省和丽水市首席技师、丽水市非遗传承人、2018年"农村振兴先行"荣誉称号。

龙泉青瓷艺术改变了传男不传女的历史，特别是年轻一代的女大师越来越多，在48位省级大师中，女大师就占五分之一以上，真可谓"休言女子非英物，夜夜龙泉壁上鸣"！如梅红玲出生在青瓷世家，祖父梅福太是龙泉近代著名的青瓷实业家，父亲梅云平自幼在青瓷龙窑边长大，曾担任龙泉国营青瓷总厂厂长。1991 年，梅红玲从河北理工学院陶瓷美术专业毕业，先后被分配到龙泉艺术瓷厂、龙泉青瓷艺术研究所工作。她研究撰写了《中兴青瓷十点建议》等论文，提出"艺术瓷日用化，日用瓷艺术化"的理念并付诸实施。她的作品获得国内、国际奖项 40 余个，"牡丹餐具"组合在 2002 年第七届全国陶瓷艺术创新评比会上夺得一等奖；"玉如意""故乡的云""春色""风和小鱼""心痛"等艺术作品获得金奖。她于 2010 年荣获第四届浙江省工艺美术大师称号，还获得全国乡村青年民间工艺能手、浙江省新世纪 151 人才工程培养人员、浙江省巾帼创业带头人等荣誉称号。

又如张英英，出生于龙泉宝溪青瓷世家，父亲张绍斌系中国工艺美术大师，被称为艺术奇人，作品屡获国家级、省级主办各类评比的最高奖，"金丝铁线"工艺赢得"当代官窑"美誉。2010 年，张绍斌家被选为六户"最浙江"家庭之一（全省工艺美术类唯一入选家庭），"入住"上海世博会浙江馆，展示龙泉青瓷的世代传承及艺术魅力。在张英英看来，张家世代制瓷是龙泉青瓷传承发展的生动写照，她受父亲的熏陶，从小对青瓷有好奇心，抓起瓷土就尝试，15 岁那年，她的"处女作"诞生了，如今对青瓷的浓厚兴趣使她把制瓷当作努力追求一生的事业，她从心而发，匠心而做，认真履行张氏"好好做青瓷，忠于青瓷"家训，形成了自己特有的艺术风格。2013 年获得第一届"绿谷新秀"（丽水三宝）称号，2018 年荣获第六届浙江省工艺美术大师称号，她还获得龙泉市非遗传承人等称号。

清雅瓷魂
QINGYA CIHUN

天下龙泉

　　"天下龙泉·匠心开物"，第四届世界青瓷大会·第十二届龙泉青瓷龙泉宝剑节于 2021 年 10 月 28 至 30 日在浙江省龙泉市举办。大会活动旨在贯彻省委文化工作会议精神，高扬"丽水之干"行动奋斗旗帜，着力推动剑瓷文化的"深化""物化""转化"工作，加快文化产业高质量发展，为加快建设一座独具匠心的文化名城、聚力开创龙泉复兴新局面汇聚特色动能、注入硬核力量、提供文化支撑，让"好龙泉"焕发新时代的生机活力。

　　龙泉是一座独具匠心的文化名城，顶级的生态孕育出了世界级的文化。回溯千年剑瓷发展史，2500 多年前欧冶子祖师龙渊铸剑，1700 多年前八百里瓯江龙窑烧瓷，龙泉先民以开放的胸怀、创新的精神和勤劳的双手，成就了龙泉宋代人文高地、"陶瓷之路"内陆主要起始地、全球制造业之都的辉煌与荣耀。

　　时任龙泉市委书记吴松平围绕打造一座独具匠心的文化名城，提出了"在开放互鉴中携手共赢、在创新融合中百花齐放、在匠心开拓中艺创辉煌"三点倡议。以"匠来八方、心行天下"的开放胸襟和气度，与时代同行、与世界对话，重现"青瓷之路——开放之路"的辉煌。

　　"天下龙泉·不灭窑火"大家一起烧龙窑、"造物·新世代"第二届天下龙泉·青瓷双年展、"中国的杯子"创意设计大赛暨成果展等系列活动，更是展现了青瓷新精神、新技法和新成果，探索了龙泉青瓷艺术新境域，进一步巩固了龙泉青瓷品牌影响力。

　　"知否·宋韵"文化游、"寻宋·西街"宋韵生活节、"青玉案·遇见龙泉"——浸没式传统文化雅会、"剑瓷春秋"国潮音乐街区市集等场景式、沉浸式、互动式活动，通过人、器物、历史、场景以及剑瓷文化、宋韵文化的超越时空对话，让文化走进生活，让生活充满艺术。

"知否·宋韵"活动以宋代文化为背景，在西街设置宋人日常生活场景，充分展示宋人尊师重教的学风、保家卫国的情怀、勇于变革的创新和追求极简的美学。市民通过参与沉浸式体验活动，汲取宋人智慧，传承宋韵文化，坚定文化自信，聚力龙泉复兴。

作为一个通江达海的开放之城，龙泉是古代海上陶瓷之路内陆的重要起始地。龙泉青瓷集陶瓷技艺于大成，以其巅峰制作技术和比德尚玉的独特魅力，沿着八百里瓯江奔腾出海，致力推动世界范围内的青瓷贸易和引领时尚的文化效应，带动了青瓷发展全球化、青瓷文化交流全球化和文明互鉴全球化。

在"天下龙泉"之"中国文化国际传播"研讨会上，与会者积极探索国际传播语境下的中国话语和中国叙事体系，讲好非遗文化，推动优秀传统文化"走出去"，提升龙泉乃至整个浙江的国际美誉度和海外影响力。

来自各国各界的专家学者齐聚龙泉，共品剑瓷风韵、共谋剑瓷发展、共襄剑瓷盛会，让"国际化"成为大会的关键词之一。在搭建世界级交流互鉴平台的同时，借力中外文化交流中心，向65家中国驻外文化和旅游机构推介"非遗那些事"线上文化对谈视频，吹响海外非遗号角，向世界讲好中国故事。

"天下龙泉·风华宋韵"大型沉浸式演出被作为重头戏来打造，演出利用多媒体高新科技，营造身临其境的互动体验情景，让瓯江山水与龙泉文化交相辉映。充分体现剑瓷与美学、艺术与生活、传统与现代、设计与创作的多维融合。"天下龙泉·风华宋韵"以瓯江两岸、留槎洲公园的自然环境和景观建筑为依托，开创了多维度表演的空间，借鉴多媒体高新科技，植入了深厚的龙泉文化元素，给游客们营造了

"天下龙泉·风华宋韵" 晚会（朱志敏 摄）

身临其境的"宋韵"互动体验情景。

游客乘坐"天下龙泉"号游船，行驶在烟雨瓯江之上，欣赏着瓯江两岸的城市夜景，体验着"瓯江山水诗路"的诗意画面。忽然，眼前一片绚烂，江面出现了奇幻的"时空隧道"，游客们随着"天下龙泉"号游船一起，穿越到了宋朝的龙泉……

在繁华的瓯江码头，游人下船登岸，沉浸式体验宋时龙泉的独特韵味：

《海丝之源》演出，码头上手持花灯的少女和乡贤们夹道相迎，路边的摊贩叫卖声不断，而远处的大船正在准备装卸。

《茶言瓷语》"瓯江源头水，江浙顶峰茶，千年龙泉瓷"。赏茶艺，听雅乐，品上一口宋味龙泉香茗，实在是惬意不过。

《宋韵街市》古街有古意，风雅入人心。留槎洲上再现千年宋韵的繁华盛景，万商云集、店铺林立跃于眼前。

《留槎书院》穿过留槎阁，忽闻前方，咿呀之声，寻声而来，有"戏"在上演，在留槎书院，邂逅这场凄美绝伦、令人动容的经典越剧。

《瓷艳宫廷》龙泉窑青瓷是宫廷用瓷和国家祭礼用瓷之一，温婉含蓄、富于生机美的青瓷作为贡品进献，散发着宋式审美。

《不灭窑火》这里正在上演着一场"大爱铸就大美"的龙泉青瓷故事，少女青姬为拯救龙泉窑，纵身一跃入窑火，妃的美丽身影涅槃成精美青瓷，映在了留槎阁上。

《春色满园》"春色满园关不住，一枝红杏出墙来。"龙泉诗人叶绍翁，千古绝句，百世流芳，天下龙泉，名扬天下……

"天下龙泉·风华宋韵"大型沉浸式演出动情演绎了龙泉古往今来的传奇故事。"天下龙泉"，"我在龙泉等你"，欢迎远道而来的四方宾客。

一、让龙泉窑青瓷惊艳天南海北

"天下龙泉·龙泉青瓷与全球化"于 2019 年 7 月至 2020 年 2 月在故宫博物院和浙江博物馆巡回展览半年之久。

龙泉古瓷文物展品 830 余件，包含故宫博物院的 507 件，来自浙江等 18 个省市 32 家博物馆、考古所的 205 件，以及来自境外 6 个国家和地区的 11 家博物馆、考古所的约 120 件。其中有 35 件是来自越南、泰国、缅甸、日本、伊朗、叙利亚、埃及、英国等国家和地区的不同时期模仿龙泉青瓷的作品。该展是历来关于龙泉青瓷研究与展览中，展品数量最多、涉及产地最广且包含多元文化最多的一个展览。

展览以龙泉青瓷为出发点，立体化地展现出宋元以来陆上及海上陶瓷之路的兴盛发达。展览共分四个单元。

第一单元"千年龙泉"，以历史脉络为主线，讲述龙泉窑千年来自身的发展过程，揭示其得以影响世界的内因。展品以龙泉青瓷各个时期的代表性器物为主。

第二单元"国家公器"，则是高质量龙泉青瓷的集体亮相。展品以故宫博物院收藏的清宫旧藏龙泉青瓷为主，辅以考古出土的龙泉青瓷标本，展现龙泉青瓷在不同历史时期与政府的联系。

第三单元"风行天下"，展示龙泉青瓷在国内和世界各地营销和输出情况，展品包括墓葬、窖藏、仓库、港口、沉船等海内外重要遗址遗迹出土的龙泉青瓷，也有伊朗、日本等国家主要博物馆收藏的传世龙泉窑瓷器精品。

第四单元"交融辉映"，展示国内外各窑场模仿烧造的龙泉青瓷，包括福建、广东、江西等地国内窑场，以及伊朗、日本、英国、越南、泰国等国家和地区仿烧的青釉瓷器，勾勒出龙泉青瓷生产技术传播、互鉴发展的轨迹。

陶瓷界泰斗陈万里曾说："一部中国陶瓷史，半部在浙江；一部浙江陶瓷史，半部在龙泉。"中国瓷器声名显赫，龙泉窑厥功至伟，可以说占据了我国外贸瓷器的半壁江山。世界瓷器起源于中国，龙泉青瓷是中国瓷器的杰出代表，龙泉窑是我国历史上罕有的窑场最多、分布最广、产量最大的窑系，始烧于三国两晋，经历五代、北宋的发展期，南宋达到巅峰，元代徘徊向前，明清逐渐衰退，民国时期几乎衰极，中华人民和国成立后迅速恢复生产，逐渐迈向复兴。

一片宋瓷，一部中国创业史，由盛到衰、由衰转盛，历经之路谱写了一曲曲人间沧桑。一片宋瓷，一部中国文化史，蕴藏着深远的先人智慧，矗立起一座让世人敬仰的丰碑。随着全国各地陶瓷产业的崛起，市场竞争日趋激烈，特别是 2019 年底至 2022 年初的三年中受到疫情的影响，龙泉青瓷产业又经历了一场新的考验。如何面对新形势，开拓新路径，在创业中一往无前，不忘初心，走向复兴，新时代新思想新征程中，需要我们在自豪感中更有一种责任感和使命感！

二、让龙泉窑青瓷窑火熊熊燃烧

龙泉窑发源于龙泉南区大窑、金村、源口、溪口一带。历宋、元、明已遍及龙泉境内沿溪各地和庆元、云和、丽水、遂昌、缙云、永嘉、文成等县，以及福建、江西、广东等省和埃及、日本、韩国、伊朗等国家。在龙泉境内有宋至民国初历代窑址 390 余处，其中窑数在 10 处以上的有几十个乡村。如大窑村古窑址分布非常密集，从大窑高际头到垟岙头村沿溪的山坡上共有大小窑址 53 处。金村古窑址北起岙岩山、南至洋淤后垟，窑址密布，溪东的后山沿仅 4 千米的狭长地苟就有窑址 16 处。安仁安福村窑址 41 处，安仁口村窑址 33 处，雁川坑口和大白岸各有窑址 16 处，处处是瓷窑林立，烟火相望，一派繁华的景象。当今

龙泉窑的熊熊窑火（朱志敏 摄）

龙泉小梅的大窑遗址、宝溪的古窑、上垟的瓷厂等乡镇都在开发古窑址，挖掘瓷文化，建设新园区，打造瓷苑文旅景区，"不灭窑火"已经燃烧起来。我们要深深地思考：怎样让更多的古窑址"活"起来、烧起来，不仅使龙泉境内的龙泉窑都能燃起熊熊烈火，而且让引向龙泉境外的龙泉窑以及国外的龙泉窑也都能燃烧起来。

三、让龙泉窑青瓷产业多元拓展

回顾龙泉青瓷宝剑园区建设的背景我们看到，艺术瓷水准创历史新高，日用瓷、工业瓷、包装瓷相对滞后。我们要深深地思考：艺术瓷如何追步哥窑官窑、媲美章生、赶超宋元，让龙泉成为当代中国青瓷艺术中心。日用瓷、工业瓷、包装瓷如何短腿补长，走多元化发展之路，总量超过景德镇，追赶德化市，成为浙江最大、国内知名的青瓷生产基地和出口基地。

四、让龙泉窑青瓷之路越走越远

从南宋开始，龙泉青瓷以主角的身份，开拓了漫长的世界"海上陶瓷之路"。龙泉荣膺"国家级出口基地"，成为"海上陶瓷之路"重要起始地。满载龙泉青瓷的商船从我国东南沿海出发，循着海路在印度洋沿岸的波斯湾、阿拉伯海、红海和东非沿海的航道上越走越远。当今，中国瓷器声名显赫，龙泉窑厥功至伟，可以说占据了我国外贸瓷器的半壁江山。从1959年恢复龙泉窑，仅仅60年的短暂时光，超越了600年前的漫长历史，龙泉人应该感到无比自豪。我们要深深地思考：继续走出去开拓市场领域，四面探路，八方求策，特别要走好南宋路。龙泉青瓷不仅是浙江的骄傲，而且是中国的骄傲。要打响南宋古城的名号，非龙泉青瓷不可。从省到杭州、丽水、龙泉市各级政府都要给予一定的政策支持，如在南宋古城打造一条青瓷古街，营造一座青瓷馆，成为龙泉青瓷走向世界的开放窗口。

五、让龙泉窑青瓷文旅融合迸发

大窑自古以来就有"三涧一溪，十八桥三十六碓，琉田八美景"之称。这里有茂密的山林和丰富的瓷土矿，以及山谷间纵横交错的山涧水系，为窑业的发展提供了良好的自然条件，创造出了龙泉窑的辉煌。游人可在披云青瓷文化园了解青瓷的历史、体验青瓷的制作过程，辅以精巧的翻新设计和漂亮的瓷器展示。披云青瓷文化园可以说是一个颇有特色的国营瓷厂博物馆，有瓷之国、瓷之史、瓷之旅等多个展示馆，展示青瓷的文化和制作工艺。宝溪乡这些幸运的古龙窑再现昔日烈焰熊熊的景象，让人目睹龙窑壮丽的风采。我们要深深地思考：怎样把龙泉窑这一文化瑰宝与山清水秀的绿色环境相融相生，作为推动青瓷文化"深化、物化、转化"的重要平台，并积极探索"生态+""文化+""旅游+"等新模式，努力把一个个一座座龙泉窑打造成国际知名、国内一流的"海上青瓷之路"新亮点、青瓷文化研讨目的地，重现"青瓷之路——开放之路"的辉煌愿景，让世界更好地认识中国文化代码，不断提升龙泉青瓷文化的世界影响力与美誉度。

六、让龙泉窑青瓷艺术百花齐放

南宋，龙泉青瓷艺术为什么能达到巅峰，当然有多方面的因素，但主要靠的是两支青瓷匠人支撑。一支是龙泉自身经历千百年育成的匠人队伍，这批匠人吃苦耐劳、探索研究奠定了基础。另一支是北宋南下一批宫廷大师走进了龙泉，官窑级的标准推动了龙泉窑艺术质量的一次飞跃。回顾1998年时，龙泉只有一位徐朝兴先生是国家级工艺大师，当今已经发展到有国家级大师（艺术师）14人，省级大师（艺术师）47人，地市级大师上百人。这是龙泉青瓷精英彰显，希望所在，天下龙泉所能。我们要深深地思考：青瓷艺术匠人起到关键性的作用，要大力培养和引进一大批优秀的陶瓷界人才。龙泉青瓷艺术水平能不能超越南宋，能不能代表中国符号，关键在于有没有青瓷艺术的领军人物、领军团队，所以我们的国家级大师是"国宝"。龙泉青瓷已经1700多年了，现在我们需要培养和造就更多的大师！要营造保护的氛围，多一份厚爱，多一份关心，让青瓷匠师后继有人，让各地匠师涌流龙泉，让年轻匠师脱颖而出。要建立梯级人才培养机制，出台措施，加大力度培养一批又一批新的大师、技师。要勇于开拓创新，制定激励政策，引天下无数匠人奔向龙泉，回归龙泉，让一代代龙泉人走遍天下，成

龙泉窑现代工场（朱志敏 摄）

天下龙泉！

　　天下龙泉，清雅瓷魂，世界人民欢迎您！"雪拉同""海洋绿""china"，全球人民需要您！

天下龙泉风华宋韵

参考文献

1. [明] 陆容：《菽园杂记》，中华书局，1985 年。

2. [民国] 徐渊若：《哥窑与弟窑》，西泠印社出版社，2014 年。

3. 陈万里：《中国青瓷史略》，上海人民出版社，1956 年。

4. 丽水市地方志编委会：《丽水地区志》，浙江人民出版社，1993 年。

5. 龙泉县志编委会：《龙泉县志》，汉语大词典出版社，1994 年。

6. 朱伯谦：《龙泉窑青瓷》，艺术家出版社，1998 年。

7. 冯先铭：《中国陶瓷》，上海古籍出版社，2001 年。

8. 徐定宝：《越窑青瓷文化史》，人民出版社，2001 年。

9. 慈溪市博物馆：《上林湖越窑》，科学出版社，2002 年。

10. 中共龙泉市委宣传部：《二次创业之路》，龙泉市委宣传部，2003 年。

11. 杭州南宋官窑博物馆：《南宋官窑文集》，文物出版社，2004 年。

12. 周武：《徐朝兴从艺五十周年回顾展作品集》，中国美术学院出版社，2006 年。

13. 叶英挺：《青瓷风骨》，浙江大学出版社，2006 年。

14. 苏鹤鸣：《龙泉青瓷》，文物出版社，2007 年。

15. 吴越滨、何鸿：《浙江青瓷史》，中国文史出版社，2008 年。

16. 林志明：《龙泉青瓷烧制技艺》，浙江摄影出版社，2009 年。

17. 龙泉市政协文史资料委员会：《龙泉青瓷复兴之路》，龙泉市政协文史资料委员会，2011年。

18. 吕鸿、虞晓伟：《龙泉青瓷非遗传承地——宝溪》，中国书店，2015年。

19. 丽水市政协文史资料委员会：《非遗印记——丽水文史资料》，中国文史出版社，2015年。

20. 王振春：《还原繁华——宋朝的龙泉》，中国文史出版社，2015年。

21. 陈士龙、沈泓：《历代瓷器收藏与鉴赏》，中国工商联合出版社，2015年。

22. 夏侯文、夏侯辉：《龙泉青瓷装饰研究》，上海辞书出版社，2017年。

23. 程庸：《瓷耀世界》，江西美术出版社，2017年。

24. 季金强：《龙泉窑碗事》，浙江摄影出版社，2020年。

25. 毛正聪：《青瓷艺术人生——毛正聪回忆录》，中国美术学院出版社，2021年。

26. 徐殷：《道与器——龙泉青瓷》，浙江人民美术出版社，2021年。

27. 程晓中：《千峰翠色话越窑》，《收藏家》2001年第6期。

28. 叶英挺、华雨农：《大明龙泉官窑发现记》，《收藏界》2006年第1期。

29. 李刚：《中国古代外销青瓷管窥》，《东方博物》2006年第4期。

30. 钟琦：《略谈哥窑》，《收藏界》2007年第5期。

31. 赵青云：《天下宋瓷 汝窑为魁》，《收藏界》2008年第8期。

32. 胡小平：《明代龙泉青瓷产品类型和特征》，《收藏界》2009年第9期。

33. 吴东海：《1959年恢复龙泉窑生产攻关成功的青瓷产品》，《东方博物》2010年第4期。

34. 沈岳明：《"官窑"三题》，《故宫博物院院刊》2010年第5期。

35. 赵建林：《千峰翠色千年传 千年龙泉千禧来——龙泉青瓷成功申报"人类非遗"始末》，《金融博览》2011年第2期。

36. 范昕：《"哥窑"谜团正被解开》，《文汇报》2012年11月18日。

37. 冯遵瑞：《关于青瓷历史的相关研究》，《中国科技纵横》2017年第7期。

38. 张国云：《龙泉青瓷》，《中国作家·纪实》2018年第8期。

39. 叶金军、刘勇:《古代龙泉青瓷的生产和贸易》,《丽水史志》2020 年第 2 期。

40. 王成武:《龙泉青瓷发展现状研究》,中国美术学院硕士论文,2010 年。

参考文献

后 记

　　构思这本书，意在弘扬宋韵文化，传承宋韵风雅，推进青瓷百年复兴。立足以古论今，以史为鉴，以龙泉青瓷见兴替。开启一段古典与现代、艺术与科技、史话与文学相映成趣的青瓷之旅，让青瓷瑰宝走近身边、走进生活、走向人的心灵。

　　撰写这本书，得到了中共龙泉市委宣传部的大力支持，龙泉市委常委、宣传部长雷蕾给我提供了大量的青瓷题材，多位青瓷大师、学者、作家给我送来了著作和资料，摄影师朱志敏等先生为本书提供了珍贵的照片，还有熟悉和不熟悉的许许多多同事和网友提供了素材，等等。在此一并深表谢意！

　　写成这本书，历时一年之久，可以说闭门读写，夜以继日，几易其稿，反复推敲，终于完成撰写任务。书中收录的史料，尽量尊重原意，特别是名师荟萃篇，力求以简洁的文字体现大师们的精湛技艺，虽然难以求全，但表尊师之意。从定书名、列提纲、完初稿、送出版，始终得到杭州宋韵文化中心学术专家们的精心指导，在此感谢！

　　我与龙泉山水有缘，与龙泉人民有情，编著《清雅瓷魂》是对龙泉青瓷发展史的回顾与展望，也是对曾经在丽水、龙泉等地工作 15 年的深深留恋。限于篇幅，阐述不透，若有失当之处，敬请专家与读者批评指正。

陈荣高

2022 年 8 月

"宋韵文化生活系列丛书"跋

　　2021年8月，省委召开文化工作会议，对实施"宋韵文化传世工程"作出部署。在浙江省委宣传部、杭州市委宣传部及上城区委宣传部领导和指导下，杭州宋韵文化研究传承中心牵头抓总，组织中心学术咨询委员会专家具体承担"宋韵文化生活系列丛书"编撰工作。

　　浙江省委始终高度重视文化强省建设，在深入推进浙江文化研究工程的同时，部署实施"宋韵文化传世工程"，着力构建宋韵文化挖掘、保护、提升、研究、传承工作体系，让千年宋韵在新时代"流动"起来，"传承"下去。在浙江省社科联的大力支持下，本套丛书被列为"浙江文化研究工程"重大项目。经过一年多努力，丛书编撰工作顺利推进，并取得阶段性成果。

　　丛书共16册，以百姓生活为切入点，力求从文化视角比较系统地叙述两宋时期与百姓生活密切相关的重要文明史实、重要文化人物与重要文化成果，期望通过形象生动的叙述立体呈现宋代浙江的文脉渊源、人文风采与宋韵遗音，梳理宋代浙江文化的传承发展脉络。这项工作，得到了省内外众多高校与研究机构的积极响应，也得到了史学界、文学界及其他领域众多专家学者的全力支持。各位专家学者承接课题以后，高度重视、精心谋划、认真写作，按时完成撰稿，又经多领域专家严格把关，终于顺利完成编撰出版工作。

在丛书编撰出版过程中，我们突出强调三方面要求：一是思想性。树立大历史观，打破王朝时空体系，突出宋韵文化的历史延续性，用历史、发展、辩证的眼光，从历史长河、时代大潮中把握宋韵文化历史方位，全面阐释宋韵文化特色成就，提炼其具有历史进步意义的文化元素，让每一位读者通过阅读这套丛书，对宋韵文化形成基本的认知，对两宋文化渊源沿革有客观的认识。二是真实性。书稿的每一个知识点力求符合两宋史实，注重对与文化紧密相关的经济、外交、军事、社会等领域知识的客观阐述，使读者对宋代文明的深刻内涵、独特价值及传承规律形成科学的认识，产生正确的认知。三是可读性。文字叙述活泼清新，图片丰富多彩，助力读者开卷获益，在阅读中加深对宋韵文化多层面、多视角的感知与体悟。我们希望这套成规模、成系列的通俗类图书的出版，能对全省宋韵文化研究与传承工作起到推动促进作用。

在丛书即将付梓之际，谨向参与丛书组织领导和撰稿的专家学者表示衷心的感谢！向所有为这套丛书编辑出版提供支持帮助的朋友表示诚挚的感谢！

“宋韵文化生活系列丛书”编纂委员会

2023 年 4 月 17 日

「宋韵文化生活系列丛书」跋